仕事も人間関係も
うまくいく!

マナードリル

関下昌代
Masayo Sekishita

SOGO HOREI PUBLISHING CO., LTD

「マナー」と聞いて、どんなものをイメージしますか。

もしかすると堅苦しく、面倒なものだと思っている人もいるかもしれません。

ですが、そう難しく考える必要はありません。

マナーとは、「**人が心地良く感じることを想像し、振る舞うこと**」だと考えます。

日ごろマナー研修をしていると、こんな声をよく聞きます。

「相手のためを思ってやったのに喜んでもらえない」と。

なぜだと思いますか。

それは、**マナーとは、受け取る相手によって感じ方が全く違うもの**だからです。

感謝の気持ちにバラの花束を渡して感激してくれる人もいれば、直筆の手紙に喜びを感じる人もいます。

型どおりのやり方では、残念ながら相手の信頼をつかむことは叶いません。

ですからまずマナーの基本を学んだら、それを**相手によってアレンジすることが大切**なのです。

そのすべての始まりとなるのが、「第一印象」です。

仕事を進めるうえでは、話しやすい関係づくりが欠かせません。

しかし、この第一印象が悪いと、相手は話をする気にすらなってくれません。

一方、「あ、この人感じが良いな」と思ってもらえると、人は自然と心を開いてくれます。会話が弾んで話しやすい関係になり、「何か困っていることはありませんか？」「お手伝いしましょうか？」といった会話も増え、助け合うことができます。仕事も進めやすくなり、やりたい仕事にたどりつきやすくもなるでしょう。

いわば**マナーは、人間関係をつくる最初の入口**なのです。

身につければ身につけるほど、あなたの仕事をスムーズに進めてくれます。

ぜひこの本で、マナーの基本を身につけていただけたら幸いです。

なお本書は、少しでもビジネスマナーを楽しく学んでいただきたいという想いから、Q&A形式で構成しています。また内容も、私がこれまで数々の企業で行ってきたビジネスマナー研修のなかで、特に受講生が判断に迷ったものを中心に選びました。実戦の場ですぐに使えるマナーを厳選しましたので、ぜひわかるところから解いてみてください。

社会人生活に欠かせないマナーを学んだら、状況に応じて言動を調整し、仕事がしやすい環境を自ら創り出していただきたいと思います。そして、「明日も会社に行こう！」と、前向きな気持ちになっていただけたら嬉しいです。

関下昌代

Contents

Lesson 1 身だしなみのマナー

Lesson 2 接客のマナー

Lesson 3 訪問するときのマナー

Lesson 4

電話のマナー

Lesson 5

メールのマナー

Lesson 6

ビジネス文書のマナー

Lesson 7

接し方のマナー

Lesson 8

日常生活のマナー

Lesson 9

おもてなしのマナー

Lesson 10
贈り物のマナー

Lesson 11
冠婚葬祭のマナー

カバーデザイン　藤塚尚子（ISSHIKI）
本文デザイン　土屋和泉
ＤＴＰ　横内俊彦
イラスト　羅久井ハナ、土屋和泉

Lesson 1

身だしなみのマナー

Lesson 1

人は目に入ってくる情報から、「この人は信頼できる人なのかどうか」を判断します。第一印象で人に好かれる印象を持たれるのとそうでないのとでは、これからの仕事人生に大きく影響します。社内の人はもちろん、取引先など社外の人にも信頼され、仕事を安心して任されるようになるために、何よりもまず押えておきたい身だしなみの基本をお伝えします。

Question 1

次ページのイラストに、身だしなみが適切でない人が4人います。それは誰でしょうか。また、なぜそれがダメなのかも答えてください。

C子
B子
A子
G子
COPY

F子
D子
E子
H子
カチャ
カチャ

Answer 1

B子、C子、E子、H子

B子はブラウスから下着が透けていて、周囲の人が気になって仕事に集中できません。

C子はオフィスでミュールをはいており、歩くたびにパタパタと響く音が耳障りです。

E子は、後ろ姿のスカートからシャツが出ていてだらしない印象です。

ネイルに凝るH子は、仕事中に爪を気にしています。またパソコンのキーボードをたたく音が際立ち、周りは迷惑がっている可能性があります。

おしゃれと身だしなみの違いとは？

おしゃれと身だしなみの違いは何でしょうか。
自分が主役で、自分がハッピーになる「自己満足」がおしゃれです。
一方、**相手を主役と考え、その人に不快感を与えないことが身だしなみ**です。
感じの良い身だしなみのポイントは次の４つです。

❶**清潔感がある**（ブラウスには襟やそで口に汚れがなくアイロンがかかっている）
❷**健康的である**（体調が悪いときは明るめの色のチークを入れるなど、相手に余計な心配をかけない）
❸**洋服が身体に合っている**（袖丈、ウエスト、スカート丈が適切である）
❹**ＴＰＯをわきまえる**（ホテルのレストランでビジネスランチの予定があるときは香水を控えるなど）

ヘアスタイルの基本

ヘアスタイルで大事なことは、**髪にツヤと清潔感があること**です。寝グセがついていないか、前髪が顔にかからないか、毎朝チェックするようにしましょう。自然な髪の色ではない、スーツにフケが落ちている、匂いがする、といったことがあると、印象が良くありません。シュシュなどの髪留めがビジネスシーンに合う色や柄か、といったところも要注意です。

口紅ひと塗りで健康的に見せる

女性の場合、いくらすっぴんに自信があっても、社会人になったらナチュラルメイクを心がけましょう。**口紅はマストです**。アイラインやマスカラが濃いと、個性が埋没してしまいます。自分の顔をどう演出するか、面接官になったつもりで考えてみてください。

またメイクは、お化粧室で直すようにします。公共の乗り物内で直すのはNGです。公私の区別をつけましょう。

持ち物はシンプルさを大切に

社会人になったら、腕時計を必ず身につけましょう。時間を確認するのにスマートフォンを使う人もいますが、仕事中にプライベートのメールをチェックしていると思われたり、ゲームアプリをしているように見え、印象が良くありません。名刺入れやバッグなどの持ち物も、社会人経験が浅いうちは、高価なブランド物は控えたほうが無難です。「若いのに生意気」と思われないようにします。

筆記用具は、シンプルでビジネスシーンに合うものを使うと良いでしょう。迷ったら、上司の使っているものを見せてもらうと参考になります。

働く業界にもよりますが、キャラクターの付いた筆記用具はどこか子どもっぽく、学生気分が抜けていないと感じる人もいます。

手帳やスマートフォンケースも、人前では目立ちます。小物にも神経を使い、バ

ッグにマスコットのクマちゃんがぶら下がっていることのないようにします。
持ち物からも「この人になら安心して仕事を任せられる」と思ってもらえる、プロフェッショナルな大人を目指しましょう。

Column

ワンポイントマナー

ボールペンは印象を大きく左右するツール

社会人１年目のときのことです。銀行に勤め始めた私は、お気に入りのキャラクターがついたボールペンを持って職場に向かいました。筆記用具を出すようにいわれたとき、誇らしい気持ちでカバンの中から取り出したものです。しかし上司から、「私のこの（自分の）ボールペンを使いなさい」といわれたのです。なぜだか理由はわかりますか？　お客様にもよりますが、キャラクターものは浮わついた印象を持たれてしまう可能性があるからです。とくに金融機関は信用が第一。ちょっとしたことでも一度不安に思われると、二度とお客様に利用してもらえません。自分の持ち物一つが、会社の印象を左右します。アーティストなど個で活躍する人は例外ですが、組織で働く以上は、自分の持ち物が周りの印象を左右するという意識を持って臨んだほうが良いでしょう。

Lesson 2

接客のマナー

Lesson 2

この章では、お客様がいらっしゃったときの対応の仕方についてお伝えします。会社のエントランスやお化粧室は、その会社で働く人の「素」が出やすい場所です。お客様とお会いするとき、ふだんの何気ない行動が出てしまうことも少なくありません。感じの良い対応を行うために日頃からできることを学んでいきましょう。

Question 1

次のイラストは、来客時の対応として適切ではありません。
それぞれどこを改善すれば良くなるか、考えてみましょう。

Answer 1

Ⓐ飲み物は容器になみなみと注がない　ほか

Ⓐお盆を持って歩くと足元が見えにくくなります。段差や人との接触を注意しながら、ゆっくりと落ち着いた所作を意識しましょう。飲み物を注ぐ量にも気を配らないと、このようにこぼれます。

Ⓑドアを「バタン！」と大きな音を立てて閉めるのは、大人げない態度です。さらに不機嫌な表情だと、周りに「この人、恐い」と思われる可能性が。誰も話しかけてこなくなりますので、笑顔を心がけましょう。

Ⓒ応接室には、従業員のヒソヒソ声が届いている可能性があります。ドアが閉まっていても、お客様の悪口を安易にいってはいけません。

Ⓓ片手を腰にあてながら「教えます」という態度は、上から目線でお客様を不快にさせます。**困っているお客様には「〇〇の件ですね？　はい、これからご説明させていただきます」と笑顔で接し、安心感を与えましょう。**

Question 2

次のイラストはおじぎの角度について描いたものです。それぞれどんなふうに使い分けると良いでしょうか。

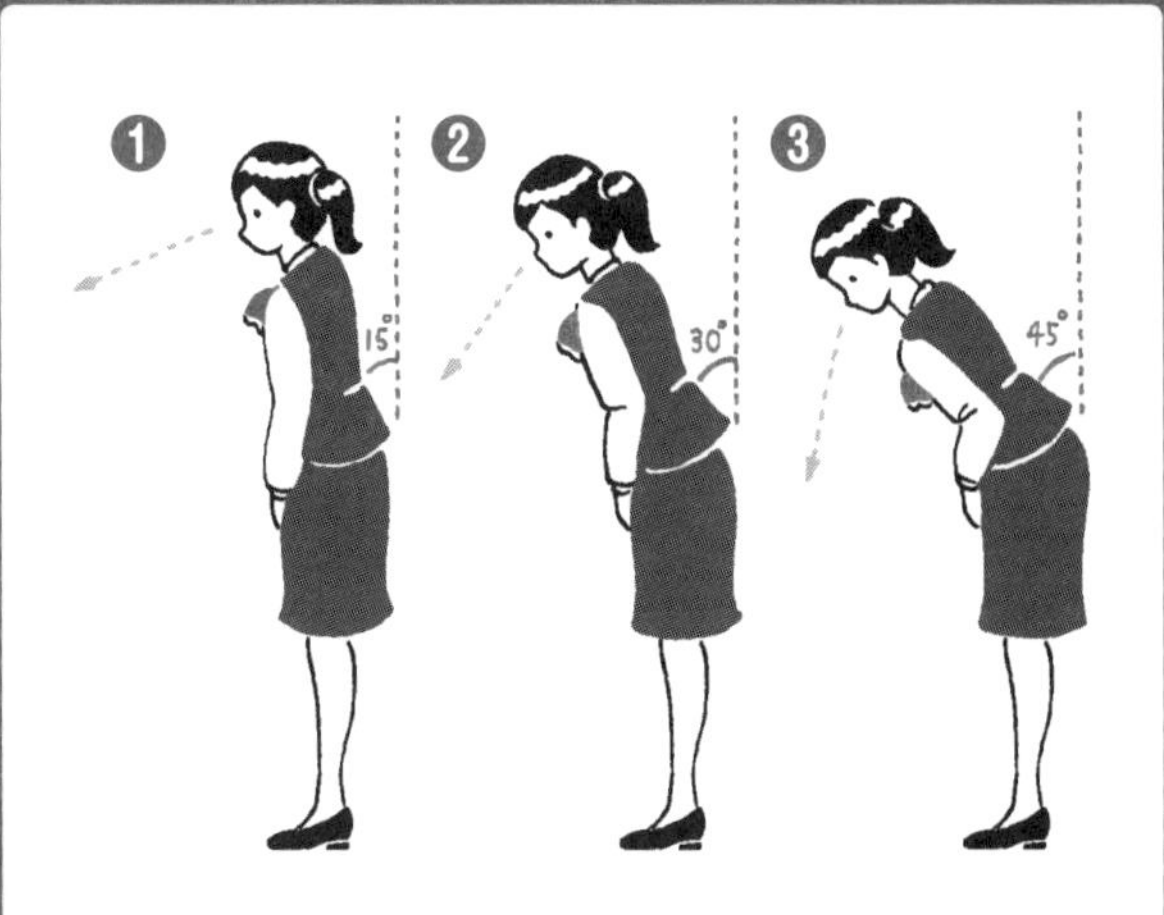

Answer 2

1会釈、2普通礼、3敬礼

お辞儀は、場合によって角度を意識すると良いでしょう。

時計の針をイメージするとわかりやすいかと思います。

立ち姿が6時ちょうど。会釈が6時5分。普通礼が6時10分、敬礼が6時13〜15分です。

会釈は、人とすれ違うときにする軽いお辞儀で、
普通礼は上司や目上の人に行うお辞儀になります。

敬礼は特別な依頼や感謝、お詫びの気持ちの表現なので、特に丁寧にしたいものです。

お辞儀をするときは、まず背筋を正し、腰から前に上体を倒します。

その後、元の姿勢に戻します。頭を下げるときより上げるときの動作をゆっくりすると、より丁寧に見えます。

またお辞儀をする前とした後には、必ず相手の目を見ましょう。

「気持ちを伝えたい」という思いを行動で表すことが大切です。

Question 3

次の言葉をそれぞれ尊敬語・謙譲語でいうと、どうなりますか。

元の言葉	尊敬語	謙譲語
いう ➡	?	?
行く ➡	?	?
帰る ➡	?	?
知る ➡	?	?
尋ねる ➡	?	?

Answer 3

いう：おっしゃる、申す ほか

問題に出した5問は、社会人が特に間違いやすい敬語です。

「いう」の尊敬語は「おっしゃる」ですが、謙譲語は「申す」。この「申す」を尊敬語と勘違いして使っている人も少なくありません。ぜひこの機会にきちんと覚えて使えるようにしましょう。

元の言葉	尊敬語	謙譲語
いう	→おっしゃる	申す
行く	→いらっしゃる	参る 伺う
帰る	→お帰りになる	おいとまする
知る	→ご存知	存じる 承知する
尋ねる	→お聞きになる	伺う 拝聴する

元の言葉	尊敬語	謙譲語
食べる	➡召し上がる	いただく
見る	➡ご覧になる	拝見する
する	➡なさる、される	いたす
わかる	➡ご理解いただく	承知する
来る	➡お越しになる	参る

敬語には、尊敬語・謙譲語・丁寧語の3つの種類があります。

尊敬語は、相手や相手の動作を敬い、尊敬の気持ちを表します。謙譲語は、自分と自分の身内の人間の動作をへりくだることで、相対的に相手への敬意を表します。丁寧語は、「です」「ます」などで言葉を感じ良く丁寧にし、相手への敬意を表します。

他にも、上記や次ページのような言い方は知っておくと便利です。

〈接客時に役立つ伝え方〉

元の言葉	正しい伝え方
どこに用ですか	どちらにご用でしょうか
誰ですか	恐れ入りますがどちら様でしょうか
今、席にいません	ただ今、席をはずしております
できません	できかねます
ありません	ございません
今、すぐ来ます	ただ今すぐに参ります
いっておきます	申し伝えます
わかりました	承知いたしました
お母さんの職業は銀行員です	母の職業は銀行員です
あちらの受付でお伺いください	あちらの受付でお聞きください
私、関下主任です	私、主任の関下と申します
そう申される気持ちがわかります	そうおっしゃるお気持ち、よくわかります
鈴木様でございますね	鈴木様でいらっしゃいますね
素敵なスーツでいらっしゃいますね	素敵なスーツを着ていらっしゃいますね（お召しですね）
桜の花が満開でいらっしゃいますね	桜が満開ですね

Question 4

エレベーターが工事中のため、階段を使ってお客様を応接室にご案内することになりました。
このとき、どんなところに注意すればよいでしょうか。

Answer 4

お客様の前を歩く

エスカレーターや階段を使うときは、注意深い配慮が必要です。「こちらへどうぞ」と、**お客様の前を歩き、誘導します**。お客様を守るようなイメージです。「お客様より高い場所に立たないようにするため、階段ではお客様が先」という考えもありますが、社内について詳しいのはあなたのほうです。先導して案内するようにしましょう。

歩調はお客様の歩く速さに合わせて先導し、方向が変わるときはその都度、指先をそろえた手で指し示します。

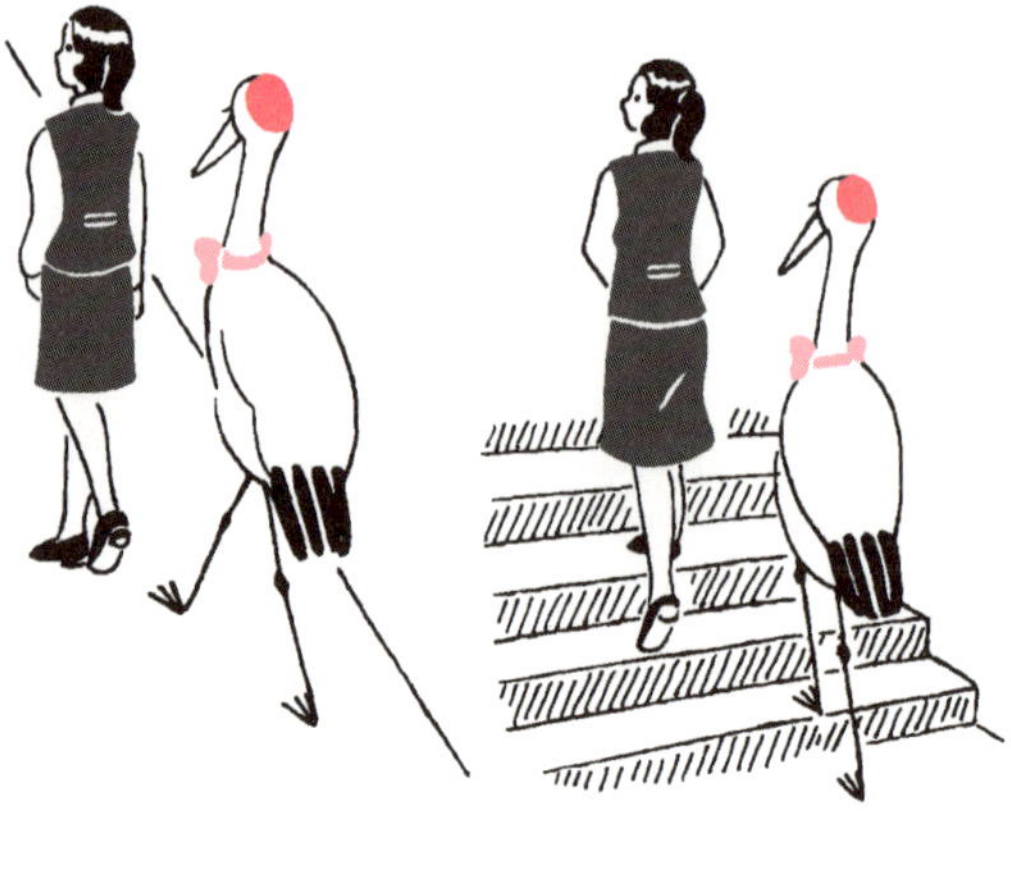

Question

お客様にお茶をお持ちすることになりました。
どんなことに気をつければ良いでしょうか。

Answer 5

お茶を出すタイミング、注ぎ方、出す順番など

飲み物は、出すタイミングが大切です。名刺交換が終わった頃合いを見計らって出します。飲み物はカップの7～8分目までつぎ、茶卓（ソーサー）と布巾を添えて運びます。

お部屋には、ドアを3回ノックしてお辞儀をしてから入ります。そしてお客様、自社の上席の人から順に、左手の方にカップを置きます。お茶碗に絵柄がある場合は、柄のほうをお客様に見えるように置きましょう。置くときは、あらかじめ茶卓とお茶碗をセットしたうえで、机に置くようにします。

Question 6

お客様をエレベーターホールまでお見送りすることにしました。どんなことに気をつければ良いでしょうか。

Answer 6

ドアが閉まるまでお辞儀をする

お客様がお帰りになるとき、丁寧な見送り方だと思ってもらえると、会社全体の印象も良くなります。エレベーターのドアが閉まるまで、頭を下げたままお見送りします。しばらくは、そのお見送りの体制を崩さないようにしましょう。閉まりかけたドアが、急に開くこともあり得ます。

Lesson 3

訪問するときのマナー

Lesson 3

この章では、取引先を訪問する際に大切なことを紹介します。いずれもちょっとしたことですが、そのちょっとしたことにも気を回し、対応することで気持ちが伝わります。ぜひおろそかにすることなく、訪問させていただくチャンスに感謝して行動しましょう。

Question 1

次のイラストに訪問先での対応で不適切なものがあります。それはどれでしょう。またどこを直せば良いかも答えてください。

Answer 1

残念ながら、全てNG

Ⓐ約束の30分前に行くのは先方に迷惑です。せめて5分前にしましょう。相手にも準備の都合があります。

Ⓑ袖なしの洋服で訪問するのは、ビジネスパーソンとしては失格です。業界にもよりますが、スーツもしくは袖のあるものを着用しましょう。

Ⓒ飲み物をご用意するのはお客様です。先方のご負担になることは極力控えましょう。

ⒹLesson1のコラムにも書きましたが、キャラクター付きのボールペンを使用すると子どもっぽい印象を与えてしまいます。シンプルかつビジネス仕様のものを使うようにしましょう。

Question 2

カメ商事のあなた（亀田という名前です）は、ツルインク総務部のツル田様と10時のアポイントがあります。受付ではどのように申し出れば良いでしょうか。

Answer 2

名前、訪問先の部署名、ご担当者名、約束時間を伝えます

特に訪問先が大企業だった場合、複数の部署があり、同じ苗字の人が多数在籍するケースがあります。**部署名と役職名、姓名ははっきりいえるように準備しておきましょう。**

また受付で記帳する会社もあります。会社の電話番号を書くこともありますので、すぐに情報を書けるように準備しておくと、あわてずに済みます。

おはようございます。
カメ商事の亀田と申します。
総務部のツル田様と
10時にお約束があり、参りました。
受付
TSURU.INC

Question 3

季節は冬。寒いので訪問先のビルのエントランスで暖をとろうと思います。アポイントの時間まで待つ間、何に気をつけたら良いでしょうか。

Answer 3

コートを取り、身だしなみをチェックしましょう

受付で挨拶する前に、コート、マフラー、手袋など身につけているものを取ります。場所柄、移動時はブーツをはいている人もパンプスや革靴に履き替えましょう。また女性はストッキングが伝線していないかどうかも確認し、伝線していたら履き替えます（予備のストッキングを常に持ち歩いていると安心です）。露出度の高い服は、ビジネスにはふさわしくありません。**真夏で暑くても、最初の訪問では必ずジャケットを着て行くようにします。**

Question 4

上司と訪問した取引先で、「お茶とコーヒー、紅茶、お好きなものをご用意します」といわれました。どれにしますか。ちなみに上司はお茶といいました。

Answer 4

お茶

このような場合、**上司の希望する飲み物に合わせます。**

上司が「お茶をいただきます」といったのに、「私はコーヒーをいただきます」というのはNGです。**準備が一度で済み、相手の負担にならないよう気を配りましょう。**

また、**希望を伝えるのは上司が先**です。

上司のメンツをつぶす態度は控えましょう。

飲み物を出されたら、「ありがとうございます」といいます。そして担当者から「どうぞ」と勧められてはじめて、「ありがとうございます、いただきます」とごあいさつしていただくようにします。お茶をいただく場合、お茶碗は両手で持ちます。片手で持つと、乱暴な印象に見えるため気をつけましょう。

Question 5

訪問先で応接室に通されました。どこに座るのが適切でしょうか？

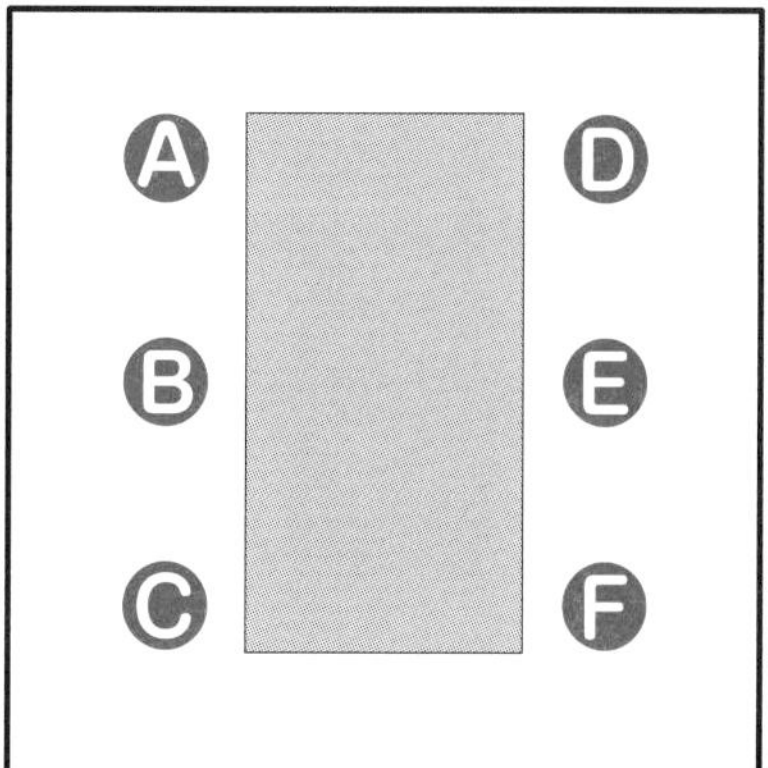

Answer 5

Ⓔ

まず訪問先では、勧められてから座るようにしましょう。

訪問があなた一人の場合はⒺに座り、バッグは横に置きます。

コートは畳んでバッグの横に置きましょう。

コートかけがあっても、勧められる前にかけるのは慎みます。

上司と二人で訪問する場合、上司がⒺに座り、あなたはⒻに座ります。

担当者を待つ間、ソファに寄りかかったり、足を組んだりしてくつろがないようにします。今は禁煙のビルがほとんどで、応接室にはそもそも灰皿がありません。当然ですが、たばこを吸うのはNGです。

また机の上には何も置かず、面談の目的に集中できるようにします。

Question 6

訪問先の建物を出る前、忘れずにやっておくと良いことがあります。何でしょうか。

Answer 6

受付の人にもお礼を伝える

お客様（取引先）にエレベーターまで見送っていただいたら、最後まで丁寧にお辞儀します。建物を出る前に、取り次いでくれた受付の方にもお礼のあいさつをしましょう。受付の人は、たいてい会社の上層部とつながっています。受付の人に良い印象を持ってもらうことは、とても大切です。コートは会社の外に出て着るようにします。

Lesson 4

電話のマナー

Lesson 4

電話は社外とあなたの会社をつなぐ大切な手段。そのときの応対ひとつで、会社の印象が決まるといっても過言ではありません。

この章では一般的な事例をもとに、相手に気持ち良く感じてもらえる電話の応対方法をお伝えします。今日からできることばかりですので、ぜひ実践してみてください。

Question 1

次のイラストは、お客様からかかってきた電話の応対シーンですが、改善点が4つあります。それは何でしょうか。

Answer 1

姿勢、足、口の中、保留ボタンなし

声の第一印象というものがあります。机で頬杖をついたまま電話に出たり、足を組み、片足の靴が脱げている状態で話すと、不思議と本気でない様子が一瞬で相手に伝わります。

電話の応対は、会社の「顔」そのものなのです。

電話に出るときは、少し高めのトーンの明るい声で、心を込めて応対することを意識しましょう。また、挨拶と自分の名前を名乗って責任の所在をはっきりさせることも忘れずに。保留する場合は、保留ボタンを押して周りの社内の声が聞こえないように気をつけましょう。

“クッション言葉”で会話に柔らかさを演出する

電話の受け答えには、**「恐れ入りますが」「よろしければ」のようなクッション言葉を使うことで、会話に柔らかさを演出することができます**。ぜひ日頃から意識して使ってみてください。

次の例は、カメ商事総務部で仕事をしている亀田さんが、取引先である総合コーポレーションの田中様からの電話を受けている場面です。ゾウ課長に電話を取り次ごうと課長席を見ると、席に見当たりません。この場合、自分だったらどう応対するか、イメージしながら読んでみましょう。

亀　田　（電話音を聞いて）はい。カメ商事総務部でございます。

田中様　私、総合コーポレーションの田中と申します。

亀　田　総合コーポレーションの田中様でいらっしゃいますね？　いつもお世話になっております。

田中様　**こちらこそ**お世話になっております。

恐れ入りますが、ゾウ課長をお願いします。

亀　田　**申し訳ございません**。ゾウはあいにく席をはずしております。

田中様　そうですか……。ちょっと急ぎの用件ですので、お戻りになりましたら、至急お電話をいただけますでしょうか？

亀　田　**かしこまりました**。私は経理課の亀田と申します。ゾウが戻りましたら至急お電話を差し上げるよう確かに申し伝えます。

田中様　はい、よろしくお願いします。

亀　田　失礼いたします。

Question 2

ゾウ課長宛の電話をとったところ、右ページにあるように、本人が不在だったため折り返す必要があります。長年取引のあるお客様の電話番号を電話で尋ねる場合、どのように聞けば失礼に当たらないでしょうか。

Answer 2

「念のため」といって尋ねる

社内の人に電話がかかってきた場合、すぐ折り返し連絡ができるよう、電話番号を尋ねるようにします。

ここでぶっきらぼうに「電話番号を教えてください」というより、「恐れ入りますが、念のためお電話番号を頂戴できますでしょうか？」とお伝えすると、慎重さ・確実さを相手にアピールすることができます。

伺った後は、復唱して番号に間違いがないか確認すると、さらに安心です。

Question 3

3ページ前に出てきた電話の内容を、上司であるゾウ課長にメモを残すとしたら、どんなふうに書いたら良いでしょうか？　先方とお話しした日時は4月11日11時45分だとします。

Answer 3

箇条書きにして、一目でわかるようにする

伝言メモは、仕事を円滑に、前に進めるためのもの。**読む側がパッと見て一瞬で要点がわかるものが望ましい**でしょう。意味を理解するのに時間がかかったり、「これ何時頃電話あったの？」などと質問されるようでは、残念ながら伝言メモの機能を果たしていません。また、メモを机に置くときは目立つように、かつ人が通るときの風で飛んでいかない工夫が必要です。

伝言メモは、確実にその内容が相手に伝わるまで、書いた人に責任があると心得ましょう。

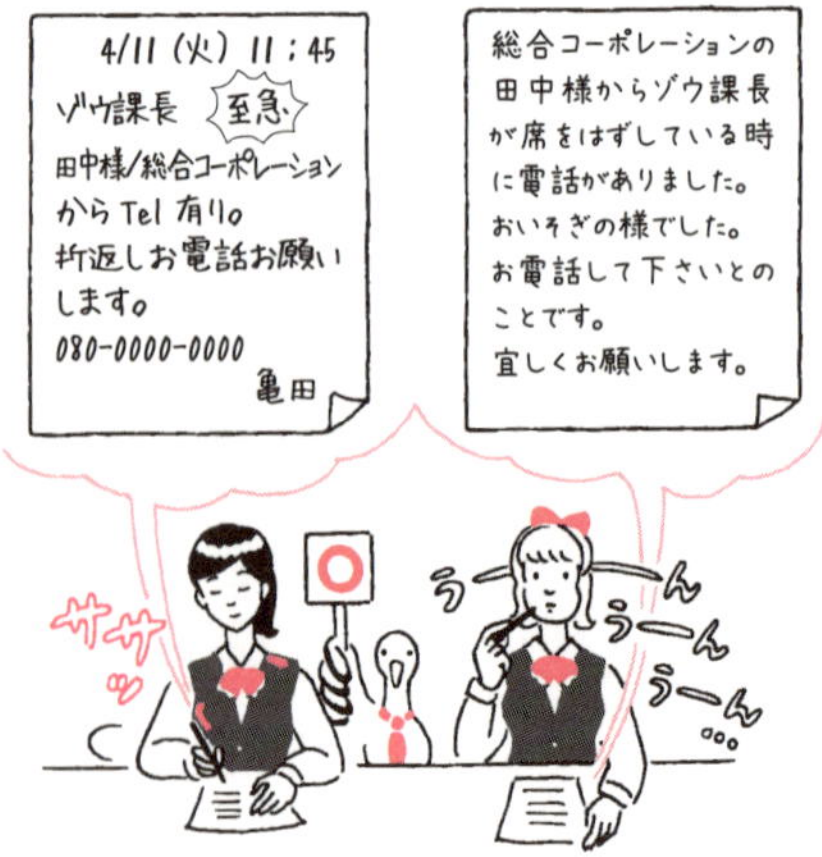

Question 4

マンションの購入を勧める営業の電話が職場にかかってきました。どのようなことに気をつけて応対すれば良いでしょうか。

Answer 4

毅然とした態度で断りましょう

職場にかかってくる営業の電話は、基本的にお断りしましょう。見知らぬ人の勧誘の電話に乗ってしまうと、毎日のように電話がかかってきます。**「今、必要ありませんから」と、毅然とした態度が必要です**。

名前もメールアドレスも個人情報です。迷ったら一人で抱え込まず、上司にすぐホウレンソウ（報告・連絡・相談）しましょう。それは社会の中で自分の身を守るコツです。

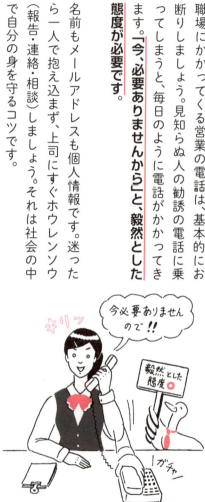

Lesson 5

メールのマナー

Lesson 5

社会人になったら、学生時代と違ってメールの書き方にも定型文があります。

本章では、基本的なメールの書き方と、間違えやすい事例を紹介します。顔は見えなくても、良識ある人かどうかはメールを見ればわかります。スマートな対応ができるようしっかり学びましょう。

Question 1

下記は、お客様に送ろうとしているメールの文面です。このなかに改善の必要な点が5つあります。それは何でしょうか。また、どう改善したら良いか、教えてください。

宛先：ツル商事 たぬき課長様

件名：ごぶさたしております

差出人：亀田マナ美

ツル商事
たぬき課長　様

こんにちは。カメ商事の亀田です。
１週間前は、ごちそうさまでした！
奥様のお話、楽しかったです～ ^o^

そういえば当社、今度チーズの新商品を
リリースするのですが召し上がりませんか？
ぜひ会社に遊びに来てください～。

亀田♡

Answer 1

件名、社名、宛名、顔文字など、「当社」

まず件名です。「ごぶさたしております」では目的がわかりません。「新商品試食のお誘い」「先日のお礼」など、**一目見てわかる件名をつけましょう**。

相手の社名を省略するのは不適切です。「○○株式会社」のように正式名称を書きます。

また宛名はフルネームで、役職＋名前＋様か、名前＋役職を書きます。

この場合、「課長たぬき○○様」、もしくは「たぬき○○課長」となります。

顔文字や仕事に関係のない記号は、仕事では使わないようにしましょう。

差出人としてへりくだるなら、「当社」より「弊社」がベターです。

またメールの文末には名前だけでなく、社名や電話番号等の情報を載せた署名を必ず挿入するようにします。

Question 2

メールを送る際、書き出しとしめくくりの言葉はどう書きますか。

Answer 2

冒頭は「お世話になっております」、締めは「よろしくお願いします」

宛名の「○○様」の次には、冒頭に「お世話になっております」を付けるようにします。

また、締めくくりの言葉として「よろしくお願いします」と入れます。

メールの最後には、所属先・氏名・連絡先を簡潔にまとめて「署名」として入れるようにします。左ページの図を参考にしてください。

宛先 A
To: 総合コーポレーション株式会社　田中仁美様 <tanaka@×××.co.jp>
Cc: ゾウ史彦 <zou@×××.co.jp>

From: 亀田マナ美 <kamedam@×××.co.jp>

件名 B
件名: 商品 A 在庫状況の確認【4/7(金)ご返信希望】

宛名 C
総合コーポレーション株式会社
商品開発部
田中仁美　様

あいさつ文 D
お世話になっております。
カメ商事の亀田と申します。

用件 E
弊社ゾウに代わって、商品Aの在庫についてお尋ねしたく、
メールいたしました。

○○○○○○○○○○○○○○○○
○○○○○○○○○○○○○○○○
ご確認、よろしくお願い申し上げます。

なおご返答は、こちらの都合で恐縮ですが、
4/7(金)までにいただけたら幸いです。
何とぞよろしくお願いいたします。

署名 F
====================

株式会社カメ商事
営業部営業1課
営業アシスタント
亀田マナ美　Manami　Kameda

〒123-4567
東京都港区兎ヶ原 8-9-10
カメ商事ビル 11F

TEL　03-××××-××××
FAX　03-××××-××××
E-mail　kamedam@×××××××.co.jp
HP　http://www.×××××.co.jp

====================

Ⓐ 宛先

「To」には、送り先のメールアドレスを入力します。

「.（ドット）」漏れ、アルファベットが異なると届きませんので、注意しましょう。

「Cc」は、送り先以外の人にも同報したい場合に使います。

上司やプロジェクトに関わる人などを入れます。

「Bcc」は、Cc 同様、送り先以外の人に知らせたいが、受取人に見られたくない場合などに使います。

Ⓑ 件名

ひと目で何の用件なのかがわかる件名を心がけましょう。

Ⓒ 宛名

メールの送り先の企業名、部署名、名前の順に書きます。

会社名は（株）（有）などのように略さず、正式名称を表記しましょう。

名前も、フルネームのほうが丁寧な印象を与えます。

Ⓓ あいさつ文

ビジネスで最も一般的な挨拶は「お世話になっております」です。

「お世話になっております。○○株式会社の△△です。」

のように、あいさつ文の後、名乗りましょう。

Ⓔ 用件

あいさつ文の後は、まず用件を書き、簡潔に趣旨を伝えましょう。「先日のお礼を申し上げたく、メールを送らせていただきました」などです。

Ⓕ 署名

メールの最後には、会社名・名前・電話番号・FAX などの入った署名を入れると良いでしょう。差出人がわかるほか、相手が後日、郵送物を送る際などに宛先を確認でき便利です。

署名を囲む記号は、♡や♪など、ビジネスにふさわしくないものは避けましょう。

Question 3

お客様から、3つの用件を
一通のメールで送るよう申しつかりました。
どのように送れば良いでしょうか。

Answer 3

箇条書きにして読みやすくする

長文のメールは読みづらいので、読み手にとってはつい後回しになりがちです。

そうならないよう、用件がいくつもあって長くなりそうな場合は、箇条書きで整理して送るようにします。

たとえば用件が3つあり、それぞれに〆切がある場合は1、2、3と分け、「1と2については3日後の○○日時まで、3はご都合の良いときにお返事をお願いします」とします。なお原則として、1つのメールには1つの用件を書くようにします。

相手が返信しづらいメールは送らないようにしましょう。

Question

取引先の方から、退職のあいさつが一斉メールで送られてきました。Ｃｃに、知らない人のアドレスが入っています。
どのような送り方をすれば良かったのでしょうか。

Answer 4

一斉メールを送る際は、Ｂｃｃに宛先を入れる

３月や９月になると、異動や退職の知らせが一斉メールで寄せられる機会が増えます。そのときによくミスとして見受けられるのは、Ｃｃに、知らない人のメールアドレスが入っていること。

先ほど少しお伝えしましたが、**メールアドレスも個人情報です**。一斉にメールを送らなければならない事態に接したら、必ずＴｏに自分のアドレスを入れたうえでＢｃｃに宛先を入れ、送った人に、知らない人のメールアドレスが表示されないように配慮しましょう。

Lesson 6

ビジネス文書のマナー

Lesson 6

社会人になると、様々な書類を作成する機会が増えます。ＦＡＸはもちろん、アイデアを周りの人たちに伝える文書もあれば、セミナーや講演会に参加したことの報告書、また社内の人たちにイベントなどのお知らせをするための文書などもあります。ここでは、どの職種の人でも比較的触れる機会の多いＦＡＸと報告書の書き方を中心にお伝えしていきます。

Question 1

次のイラストは、お客様にFAXを送っているシーンです。ところがこの後、お客様からクレームが入りました。

どこがいけなかったのでしょうか？　3点挙げてみてください。

Answer 1

送信票の添付、送信後のTEL確認など

取引先にFAXを送る場合は、送信票を添えるようにします。一目見て、送信する年月日、送り先と自分（発信者）の会社名と部署、担当者の名前、FAX番号、電話番号がわかるようにしましょう。送信票には、**送信枚数を書くのも重要**です。また、「○○の件」と書くことで相手も用件をスムーズに把握でき、仕事がスピーディーに進みます。送信後は、電話をし、確実に届いているか確認をしましょう。

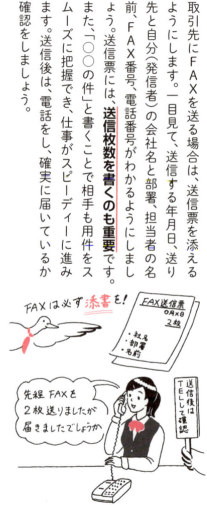

Question 2

社外の研修に参加したマナ美さんは、上司に報告書を書きました。
次ページにあるA、B、どちらを提出すると良いでしょうか。

Ⓑ

マーケティング部

○○部長

　この度は、お気遣いいただきありがとうございました。お陰さまで「マーケティング基礎講座」に参加し、多くのことを学ぶことができました。
　参加したのは、競合他社さんの宣伝部や企画開発部の方が多かったようです。50人ほどの参加者で会場はいっぱいでした。最初に主催社さんから挨拶があり、企業にとってマーケティング部門の持つ重要性を知ることができました。講演者は○○大学△△教授でした。新人の私にとって分からない言葉もあり、これから一つ一つ学んでいこうと改めて背筋が伸びました。机上の理論だけではなく、これまで営業部で経験した現場の活動をいかし、これから新しい部署で頑張ろうと思いました。

亀田マナ美

A

平成29年4月10日

マーケティング部
○○部長

亀田 マナ美

「マーケティング基礎講座」参加報告書

標記研修に参加いたしましたのでご報告いたします。

1．日時　平成29年4月9日（日）9:30~17:00
2．場所　アジアプラザ2号館A教室（大手町）
3．参加者　各企業の宣伝部等約50名
4．講師　○○大学△△教授
5．参加感想　・○○○○○○○○
・○○○○○○○○
6．講演内容　1）マーケティングと企業
2）ヒット商品ができるまで
3）ケーススタディ

以上

Answer 2

Ⓐ

報告書を書く際はまず、**事実や出来事を5W1Hで正確に伝えることが大切**です。

次に、相手が何を一番に知りたいのか、相手の立場で考えます。それから、**事実と自分の意見を区別**します。意見が混ざっていると、相手に正確な状況が伝わるのに時間がかかってしまいます。**箇条書きを活用することも大事**です。

常に「相手が読みやすいように書く」ことが、仕事ができる人の書き方なのです。

ポイントは参加感想の部分です。「学んだことをこれからの自分の仕事にどう生かせるのか」「会社の利益にいかにして結びつけられるのか」。上司はここを知りたがっています。「亀田さんを研修に参加させて良かった」と上司が感じたら、次の研修へ行くチャンスが生まれるかもしれません。

費用対効果を常に考える上司の立場に立って考えましょう。

文書を送付するときの注意点

メールやラインでコミュニケーションをとるのが当たり前になっている今、直筆の手紙が与える印象は大きくなっています。これを機に、郵便で手紙を出すことが与える印象について考えてみましょう。

お詫びの手紙は、相手の世代にもよりますが、筆記用具や便せん、封筒、切手と、全てのアイテムにこだわりたいものです。**自分の気持ちを表現するために施した様々な工夫は、相手にも伝わります**。メッセージが印字された手紙と、万年筆で書かれた手書きの文字とでは、醸し出す雰囲気が違いますよね。

切手も大事なポイントです。万が一料金が不足していたら、相手が支払う必要があり、受け取り拒否をされてしまう場合もあります。

ハガキは別ですが、郵便物を送る際は、面倒でも、あらかじめ郵便局で重さを

〈郵便の料金〉※2017年2月現在（通常はがきは6月から62円に値上げ）

第一種郵便	定形郵便物	25g以内	82円
		50g以内	92円
	定形外郵便物	50g以内	120円
		100g以内	140円
		150g以内	205円
		250g以内	250円
		500g以内	400円
		1kg以内	600円
		2kg以内	870円
		4kg以内	1,180円
第二種郵便	通常はがき		52円
	往復はがき		104円

測って切手の料金に不足がないようにします。封筒の大きさによっても料金が変わるので、ご注意ください。

季節のハガキの書き方

暑中見舞いや年賀状など、季節によってハガキを送る際は、気心の知れた担当者宛であっても、絵文字や顔文字を入れないほうが安全です。**担当者の上司の目に触れることを意識し、ビジネスライクな文章を書く**ことをおすすめします。

定型文が印字された年賀状を送る場合は、ひと言添えると、温かみが伝わります。せっかく送るなら、相手に「また会いたい」とか「そうだ！　連絡してみよう」と思って欲しいですよね。

新人の頃、私が先輩から教わったことで、今でも心に残るひと言があります。それは、「仕事は**心を込めてする**」です。

機械的に仕事をしていると、気持ちが込もっていないことが相手に伝わり、「一

〈裏面〉

はがきの中心

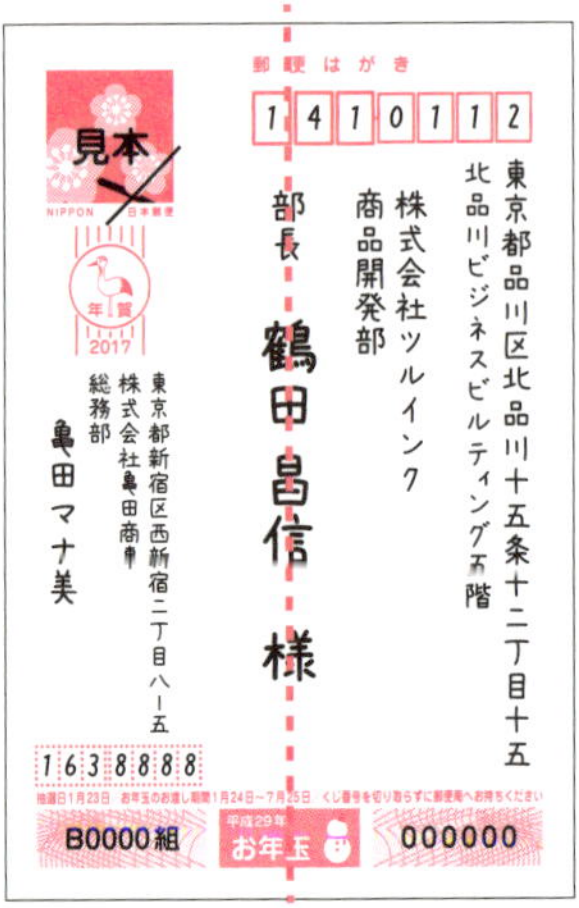

〈表面〉

ひと言添えよう！

緒に仕事をしたくない」と思われるきっかけになったりします。ぜひ「お会いしたい」と思ってもらえる人を目指し、ひと言添えるように心がけましょう。

季節のあいさつ状

●年賀状

・1月1日（元旦）～1月7日に受取人が受け取れるように送る

・1月7日を過ぎそうな場合は「寒中見舞い」として送る

・時候の挨拶は、目上の人には「謹賀新年」、目下の人には「賀正」「迎春」など。「明けましておめでとうございます」は親しい友人向け。

●寒中見舞い

・1月8日（松の内）～2月4日（立春）までに書く

・文面には「寒中お見舞い申し上げます」と入れる

●余寒見舞い

・2月4日（立春）～寒さの続く頃までに送る

・文面には「余寒お見舞い申し上げます」と入れる

●暑中見舞い

・梅雨明け～8月7日（立秋）頃までに送る

・文面には「暑中お見舞い申し上げます」と入れる

●残暑見舞い

・8月8日（立秋）～8月末頃までに送る

・文面には「残暑お見舞い申し上げます」と入れる

手紙を書くときに大切にしたいこと

手紙は、無地で白いレターセットがおすすめです。出す人を選びません。

また手紙を書く際は、先ほどお伝えした通り、直筆が良いでしょう。一文字一文字丁寧に書くことで、先方に気持ちが伝わるからです。その際、**修正液は厳禁です**。文字を間違えたときは、面倒でも一から書き直しましょう。修正液で文字を訂正したものをもらうと、「ああ、ひと手間を惜しんだんだな」と、せっかくの手紙が台無しになってしまいます。時間をかけて書いたのにこれでは、努力が報われません。**漢字の間違いには細心の注意を払いましょう**。宛名は、名刺を見ながら書くのがおすすめです。漢字がわからなければ、とことん調べましょう。同じ「いちろう」でも、一郎、一朗、伊知郎、伊知朗、イチローと、様々な書き方があります。

Question 3

あなたのミスでお客様が激怒。
お詫びのお手紙を書くことにしました。
どのような点に気をつけて書くと良いでしょうか。

Answer 3

手紙は封書、出すタイミング、直筆で書くなど

お詫びの手紙を出すときに心掛けたいことは、**早く出すことと、ハガキではなく封書で出すということ。**

お詫びの気持ちがより相手に伝わります。

また言い訳や理由は長々と書かず、自分の至らなさ、行き届かなかったことを、誠意を持ってお詫びします。

このとき、丁寧な文字を書くよう心がけましょう。

丁寧さは、文字を通じて相手に伝わります。「面倒」などと思って適当に書いた文字は、不思議とそのまま相手に伝わるため要注意です。

Lesson 7

接し方のマナー

Lesson 7

お客様との接し方でキーポイントとなるのが、言葉遣いです。特に敬語を使いこなせると、社会人として一目置かれるようになります。ただし敬語は、外国語と同じように使わないと覚えないので、くり返し使って自分のものにしていく努力が必要です。日々の電話応対、接客を通して経験を積んでいきましょう。

Question 1

次のイラストは、はじめてお会いするお客様と名刺交換をしているシーンです。適切な対応をしている人は誰でしょうか。また、他の人はなぜダメなのかも考えてみましょう。

A
よろしくお願いします。
B
C
読み方を忘れないようにメモさせて下さい
D
あははー

Answer 1

Ⓑ

名刺交換は、はじめてお会いする人と交わす儀式のようなものです。いただいた名刺はⒶのように片手ではなく両手で受け取り、Ⓒのようにその場でメモしたり、Ⓓのように乱暴に扱ったりすることのないよう気をつけましょう。名刺にはたいてい、相手の名前だけでなく、会社の住所や部署名などが書かれています。珍しい名前であれば、読み方を聞いてみたり、知っている場所であればその話をしてみるなど、コミュニケーションツールとしても活用しましょう。

名刺交換のマナー

初対面だからこそ名刺交換の場というのは心を込めた礼儀が必要です。応接室で座っていても、相手が来たら立ち上がって「はじめまして」とあいさつします。このとき、机を挟んであいさつしないようにしましょう。**きちんと相手の前に進んで、伺ったほうから名刺を出すようにします**。

名刺はいわば、その人の〝顔〟。いただくときには両手で「頂戴します」と、お辞儀をしながら大切に受け取ります。その人の目の前で名刺にメモを書くことはNGです。初対面の人の顔に文字を書くようなものですのでやめましょう。

ただ、世代や人によっては、マナー研修で習ったような丁寧な名刺交換が「型どおりの人」と映ることもあります。ですから、最も礼儀に厳しい人に出会っても恥ずかしくないレベルのマナーを身につけ、そこから相手に合わせて対応でき

るような柔軟性を持ちましょう。

ひとつのやり方をマスターしたからといって、マナーの習得は終わりではありません。常に**相手に誠実な関心を抱き、相手に合わせた動きを心がけましょう。**

見知らぬ人から知り合いになっていくステップを前向きに捉え、人とのつながりを構築していきたいものです。

Question 2

帰宅の準備をしていたところ、上司に仕事を頼まれました。用事があって断りたいとき、何と伝えれば良いでしょうか。

Answer 2

「明日朝一番ではいかがでしょう」と提案する

「それはできません」とハッキリいうと、角が立ちます。

しかも感情的にいうと、相手もカチンとくるものです。

では、柔らかい空気を壊さないようにするには、何といえば良いでしょうか。

たとえば「その仕事はいつまでに必要ですか？」と、時系列を意識して話すようにします。

そのうえで、残業ができないときは「今日はどうしても○○の用事が入っていて残業は難しいのですが、明日の朝一番、頭がフレッシュな時間帯に集中してやる、というのはいかがでしょうか？」と提案してみましょう。**どうしたらできるか、という視点から提案する形にすると、お互い嫌な感情を抱かないで済みます。**

人間関係をつくるあいさつのマナー

「おはようございます」「ランチに行ってきます」「これから○○社に外出して戻りは○○時です」「ただ今戻りました」「お帰りなさい」「外でコーヒー買ってきますが、一緒に買ってきましょうか？」「お先に失礼いたします」など、一緒に働く人にちょっとした声かけ、あいさつをする。これはその日一日の人間関係のスタートと、良好な関係性を維持するための大切な言葉のキャッ

チボールです。

これらのあいさつは、場面や状況に応じて自然に、自分から口にできるようになりたいものです。最初は誰もが声に出すのが恥ずかしく、照れ臭いと思うかもしれません。しかし、壁を思い切って乗り越えるには、実践が何よりの近道。口に出すことで、徐々に身につくものです。続けていると、いつの間にか、無意識のうちにあいさつしている自分に気づくときが必ずきます。

上司、先輩との接し方

仕事をしていると、自分の仕事で頭がいっぱいになり、他の人のことまで気が回らないことがあります。たとえば上司に質問するとき、ここぞとばかりに一方的に話す人がいます。「○○課長、○○についてわからないんですけど、実は今、ここで困っていて云々……」と。上司には、ただ質問すれば良いわけではありま

せん。**相手が今、部下の質問に答えられる時間と心の余裕がある状況かどうかは、机の上にある書類の量、上司の態度や声に現れます**。その人が余裕のないとき、いきなり相手にとって優先順位の低い話題を持っていくとイライラさせるだけです。

私が金融機関に勤めていた頃、こんな失敗をしたことがあります。

期限より早めに仕上げた書類を上司（女性）に見てもらおうと、彼女のインボックス（机の上のトレー）に山積みにしたら、「あなた！　私にプレッシャーかける気?!」とひどく叱られました。期限より早くできたのね、と褒められると思ったら、その逆になってしまったのです。そのとき上司は抱えていたプロジェクトが上手くいかず頭を抱えていたのに、私はそのことに全く気がつきませんでした。彼女の机の上はプロジェクトに関する書類の山だったのです。

相手の状況を見て、**話しかけていいタイミングだったとしても「〇〇課長、今、お時間ありますか？」と、まずはお伺いを立てることが大事です**。「何？」といわれたら「〇〇の件でいくつかご相談があります」と、まずは用件を端的に伝えます。そうすれば、「急ぎ？　もしそうでなければ、あと1時間後でいいかな？」と、上司も自分の都合と照らし合わせて回答できます。

そして落ち着いて話せる時間が取れれば、お互いが気持ちよくコミュニケーションができ、結果として仕事を前に進めやすくなります。

後輩との接し方

後輩が職場に入ってくるのは、フレッシュな空気が入ってくるのと同じで歓迎したいものです。

後輩より経験値のある自分が、先輩としてどう振る舞うべきなのか、これも人としてのマナーが問われます。後輩だからと手下のように扱うのではなく、**後輩の成長ぶりを見守り、必要なタイミングで声をかけます**。

「大丈夫？」このひと言が、入社したばかりで心細い後輩にとって、どんなに嬉しく心強いか、体験している人もいることでしょう。温かい対応をしてもらった経験のある人は、同じように後輩に温かく接するものです。そうして組織の中で、恩返しの連鎖が生まれるのです。

職場はチームで動いています。チームの目指す目標をクリアするため、自分の

やるべき役割は何なのか、考えてみましょう。

後輩が気持ち良く働ける環境を作ることも、先輩の役割のひとつです。

ホウレンソウの工夫

「ホウレンソウ」。社会人になってはじめて耳にした、という人もいるのではないでしょうか。報告・連絡・相談を短縮した言葉であるこの「ホウレンソウ」は、簡単そうに見えて、実は自信を持ってできているといえる人は少ないと思います。

「ホウレンソウ」を意識しすぎると、「ちゃんとしなくては！」と勝手にプレッシャーを感じ、実行するのが億劫になりがちです。ですから、「ホウレンソウ」ではなく「コミュニケーション」と考えると気持ちが楽になると思います。

今、自分がどんな状況で何に困っているのか、早いうちに報告すると、手遅れになる前に対処できます。

たとえば、体調が悪くて病院に行って出社しますという連絡を上司にしたとしましょう。その後、折に触れて「今、会社に無事に到着しました」「今向かってい

てあと5分で着きます」と、状況の報告をするようにしてみてはいかがでしょうか。

要は、**こまめに話す習慣をつけることで、仕事のゴール（目標）の前に立ちはだかる「障害」を早めに取り除いていく**ということです。自分のコミュニケーションのやり方次第で、状況を良い方向に導くことはいくらでも可能なのです。

異文化の人と接するときのマナー

労働人口の減少、ビジネスのグローバル化に伴い、外国人を雇う企業が増えています。あなたの職場でも近い将来、外国人と仕事をするのが当たり前になる日が来るかもしれません。

その際、気をつけたいのが、**「お互いの文化を尊重し合うこと」**です。

人は年齢、育った環境、受けた教育、宗教、ジェンダー、性的指向、何を優先するかの価値観など、それぞれ持つ文化背景が異なります。同じ日本人同士ですら自分と全く同じ人はいませんので、「自分以外の人は全て異文化の人」と思っていたほうが良いのです。

自分の常識は、相手の非常識。「わかり合えないのが当然」と思って接していれば、ちょっとした共通点があったとき、嬉しいものです。

小さな共通項の発見をプラスに捉えて、自分と違う人との「未知との遭遇」を「へー。そんな考え方があったのね♪面白い！」と楽しむ余裕を持てたら、怖いものはありません。

セクハラに遭ったと感じたら

何気ない言葉が相手を傷つけることがあります。「男なんだから重たい荷物を運ぶのは当然でしょ！」「女なんだから会議では書記を担当してよ」など、性別で人を一定の型にはめることを押し付けるような考え方は、職場では不適切です。なぜなら、それによって昇格や人事に影響を及ぼす、性差別に繋がっていく可能性があるからです。

性的嫌がらせ（セクシャル・ハラスメント）とは、相手が不快に思う行為です。性的な誘いへの服従を条件に昇格を匂わすような「対価型」と、一度断ったのに何度もデートに誘って困らせるような、不快で敵対的な職場環境をつくる「環境型」の2種類があります。

相手を不快にさせる言動を慎むことは当然ですが、セクハラを受けていると感

じたら、同じ状況がくり返されないように、そのことを不快に感じていることを相手に示し、毅然とした態度をとります。問題が深刻になる前に「それをされると、不快です」といえて、相手に「そんなに不快にさせるつもりじゃなかった。ごめんなさい」と謝ってもらい、当事者同士で問題解決できるのが一番です。しかし、相手の年齢が上だったり、役職のある人だと、伝えづらいものです。**困ったら一人で抱え込まず、上司、先輩など信頼できる人に相談しましょう。**

Question 3

初対面の人となかなか盛り上がれない場合、
どこに工夫したら良いと思いますか？

Answer 3

相手の関心事を探ってみましょう

相手がどんなものに関心があるかは、身に付けているモノ、持ち物、机の上に置いてある私物などをよく観察することで見えてきます。

またこちらから質問することで、その人のマイブームなどがわかったりします。

ただ個人情報がありますから、プライベートにあまり立ち入ったりするのも危険です。

誕生日とか、家族構成など、相手が率先して話してくる話題を拾い、そこから話を膨らませるのも会話が途切れないコツだと思います。昔から政治と宗教と野球の話題は、タブーといわれています。ほかにも、個人によって好みがはっきり分かれるものは要注意です。

あいづちの打ち方

人と話をしているとき、相手がスマートフォンを見たりして視線を逸らすしぐさをすると、「ああ、この人、私の話を真剣に聞いていないな」と、ネガティブな印象がすぐに伝わります。「私の話が面白くないんだな」と自己嫌悪感まで与えてしまうと、人は一気に話す気分ではなくなり、会話が途切れます。

会話のキャッチボールを続けたいなら、アイコンタクトが欠かせません。かといって相手の眼をじっと見つめ続けるのも、睨みつけるようで怖い感じになります。眼を見るのが怖い人もいますので、ソフトなアイコンタクトを心がけましょう。相手の額のあたり、あるいは口元あたり、男性ならネクタイの結び目の部分を見ると良いでしょう。

「あなたの話を聴いていますよ」と思ってもらい、気持ち良く話をしてもらうた

めの方法としては、「あいづち」があります。あいづちがないと、この人は私の話を理解できないのか、全く興味がないのだろうと思われます。かといって、あまり頭を頻繁に動かして「はいはい」という具合にうなずくと、バカにされたような印象を与え、「この人、本当に聴いているの？」と疑心暗鬼になります。**相手の話の内容やリズムに合わせてゆっくりうなずくようにします**。

人の話を聴くときにはこのような

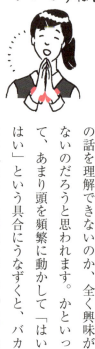

「しぐさ」を使ったコミュニケーションだけではなく、言葉も使いましょう。

たとえば、会話の途中に挟む言葉として
「それは素晴らしいですね」

「それはショッキングな出来事でしたね」

「その話、はじめて聞きました、勉強になります」

「その後、どうなったんですか？」

などがあります。


相手を心から褒めたり、そのときの気持ちに共感したり、話の先を促すような言葉を使いながら、**相手がついその先の話をしたくなるような雰囲気や状況を作っていくことが大切**です。

研修やセミナーに参加するときこそ感謝を！

日常の業務を離れ、研修に行かせてもらうことがあると思います。そんなときこそ、周りの人に感謝しましょう。**あなたが不在にするということは、あなたの業務を誰かが代わりにカバーしてくれているということです**。感謝の気持ちを忘れないことです。

研修から戻ったら、「ありがとうございます！」「お世話になりました」と周りの同僚、先輩、上司にひと言お礼の言葉をかけましょう。意外と忘れがちですが、これも大事なマナーです。

Question 4

先日、部長と会う機会があったので、課長である上司に打診して受け入れてもらえなかった提案を行ったところ、OKをもらえました。しかし後日、上司に怒られました。
何がいけなかったのでしょうか。

Answer 4

まず、直属の上司に断りを入れましょう

会社には、役職が存在します。役職によって命令系統をはっきりさせ、責任や権限の範囲が決められています。ピラミッドをイメージするとわかりやすいかと思います。

その階層を飛び越え、いきなり上司のさらに上司に意見を伝える人がいますが、これはルール違反です。**必ず直属の上司に断りを入れたうえで行うのが礼儀です。**

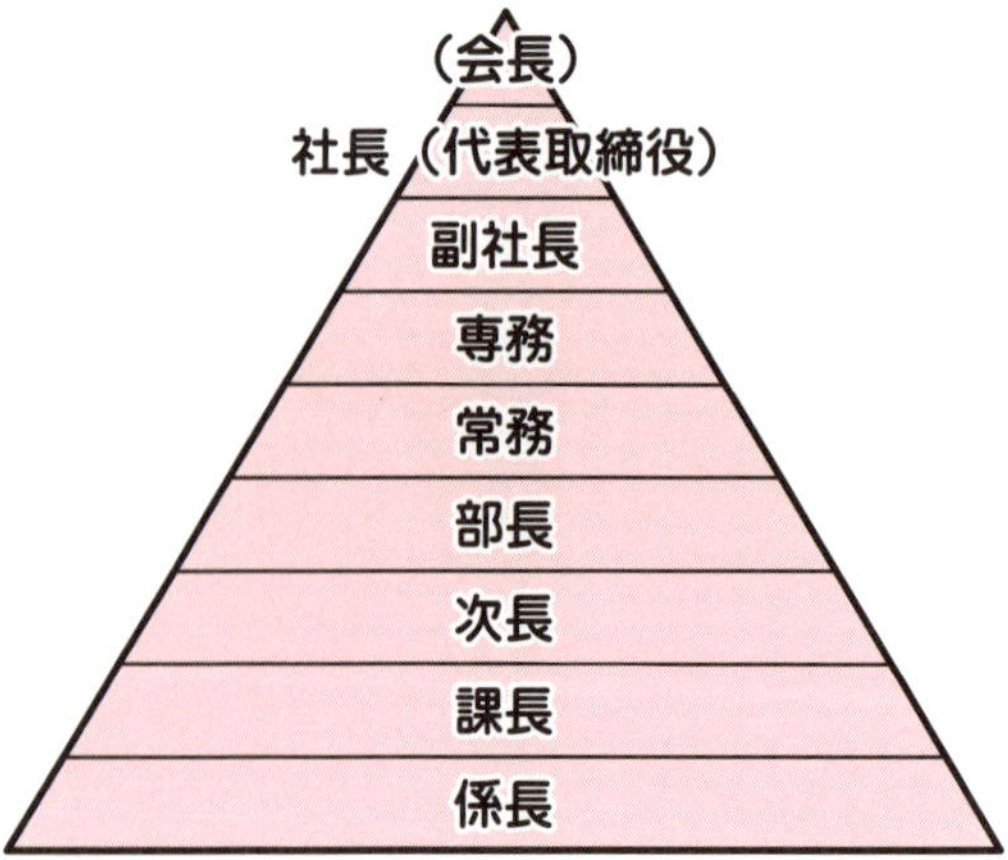

上司のメンツをつぶす行為は避けよう

銀行に勤め始めて間もない頃、上司に「与えられたこの仕事に納得できません」と意見を伝えたことがあります。その結果、「生意気な新人」というレッテルを貼られ、教育担当だった先輩があいさつすらしてくれない事態に陥りました。

何がいけなかったのでしょうか。

それは、仕事を手取り足取り教えてくれている先輩に、一言も相談をしなかったことです。

冒頭でお伝えした通り、組織はピラミッドで、上下関係がはっきりしています。直属の上司（教育担当）である先輩を飛び越えて、そのさらに上司に物を申せば、上司のメンツは丸つぶれ。反感を買います。

良識のある人は、上下関係を考慮して発言します。自分が直接意見をいっても良いのか、また、良いとしたら、今は最適なタイミングなのかどうか、この場で発言することが果たして本当に良いのかどうかなどを考えたうえで発言するのです。

ぜひ思ったまま行動するのではなく、周りを見て行動するように心がけましょう。

もちろん会社によっては、上下関係や役職にかかわらず何でも話し合える会社もあるかと思います。しかしその場合も、上の役職の人に意見を伝える場合は、念のため上司に断りを入れておくとスムーズです。ちょっとしたことで関係を悪化させることのないよう、細心の注意を払って対応する気遣いが、職場の良好な人間関係を生みます。

Question

アルバイトAさんは遅刻が多く周りも困っています。
教育担当のあなたは、注意しようと思い立ちました。
どのように注意したら角が立たないでしょうか？

Answer 5

二人で話せる場所に呼び出し、「心配しています」と切り出す

ポイントは、**いきなり叱らない**ということです。呼び出される時点で、相手は「何かしたのかな」と不安に思っているもの。

聞く耳を持って反省してもらうためには、まず客観的な状況を説明し、その後、「私は、あなたのことを心配しています」と伝えます。相手を責めていないことがわかると、いわれたほうも、心を開きやすくなります。**大勢の人のいる前で注意するのは、相手に恥をかかせることになり、逆効果です。**

Question 6

あなたの取った行動によって、お客様を怒らせてしまいました。
お詫びするとき、どのようなことに気をつければ良いでしょうか。

Answer 6

メールや文面だけで済ませない

お詫びをする場合は、まず「申し訳ございませんでした」と伝え、さらに**「今後このようなことがないようにいたします」と添える**ようにします。苦情はクレーマーでない限り、相手に良くなってもらいたいからこそいいたくなるもの。苦情を伝える側にも負荷がかかることを知っておいてください。またお詫びは書面やメールだけで済まさず、実際に会いに出かける、あるいは電話をかけ、声でお詫びの気持ちを伝えるようにします。文字だけでは伝わらないお詫びの気持ちは、五感を通して相手に伝わります。

相手の言い分をしっかり聞く

クレーム対応の際は、**お客様の言い分を、途中で口をはさまないように最後まで聞きます**。クレームになった原因がはっきりすれば、適切な対策に結びつけることができます。クレームになった原因がはっきりすれば、対応に時間がかかることもあります。判断に迷ったら、上司や先輩に状況を説明し、対応についてアドバイスをもらうことも大切です。

また電話を保留にしたままお待たせしてしまう、お客様にも非があるような言い方をする、一緒に不機嫌になってしまう、などの対応は、火に油を注ぐことになります。決してしないように心がけましょう。

こんなエピソードがあります。

店側の手落ちで、お得意様に不愉快な思いをさせてしまったあるデパートの店長は、「この度は申し訳ありませんでした」と謝罪した後、「そんな暗い顔しない

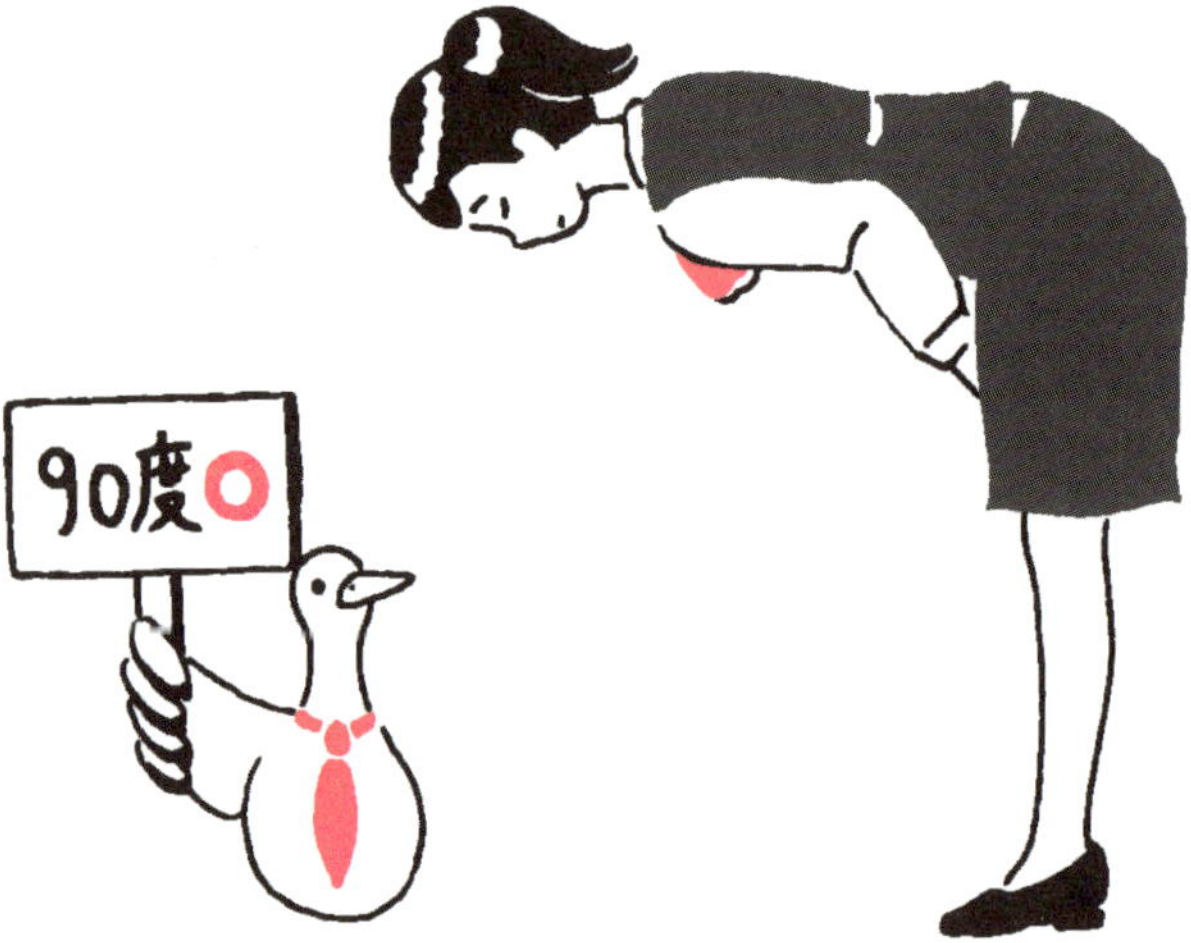

でくださいよ～。いつもの明るい○○さんでお帰りにならないと私が悲しくなってしまいます～」と、いつも通り明るく対応していました。しかしそのお得意様は二度と、そのお店に来店されなかったそうです。

なぜでしょうか。この店長の態度は、お詫びの気持ちがないと思われても仕方がない対応だからです。

極端に怖がる必要はありませんが、ちょっとした対応が、相手の機嫌を損ねる可能性があることは、覚えておいて損はないと思います。

Lesson 8

日常生活のマナー

Lesson 8

会社で働くかぎり、チームワークが欠かせません。病気で仕事に穴をあけると、誰かがカバーしなければなりません。そんなとき、快くカバーしてくれる人がいるのは、幸せなことです。ぜひ一緒に働く人たちと積極的にコミュニケーションを取ってください。仲間の具合が悪いときは、自分が率先してカバーに入るなど、ふだんからフォロワーシップを発揮して「お互い様」で助け合える人間関係でありたいですね。

Question 1

朝起きたところ体調が優れず、会社を休むことにしました。会社に電話をかけたところ、上司が立ち寄りのため、1時間後に出社するとのこと。
この場合、どのような対応が望ましいでしょうか。

Answer 1

まず電話。不在のときは、メールした後に再度電話

体調が悪く、病院に立ち寄って出社するとき、あるいは欠勤するときは**必ず上司に電話して伝えます**。ふだん話がしやすい同僚に電話連絡し、上司に伝えてくれるからそれでOKと思っていると、上司は「なぜ彼女（彼）は上司である私に電話しないのだろう？」と不信に思います。

電話ができない状況のときは、まずメールで連絡し、その後、電話で伝えるようにします。メールだけでは「あの子、本当に具合が悪いの？」と思われる可能性もあります。肉声での会話は、相手を思いやる気持ちのやりとりが生まれます。

休むときは、抱えている仕事を引き継ぎましょう

電車のトラブルなど、交通事情で遅刻する場合は、混乱に巻き込まれないよう、身の安全をはかることが先決です。安全を確保できたら、上司に連絡するようにします。

また急に寒気がして「風邪かな?」と思ったら、早めに薬を飲んでひどくならないようにします。生身の人間ですから、体調が悪くなるときもあります。そんなときは、状況が悪化しないように早目に行動し、仕事で周りに迷惑をかけないようにします。その心がけがマナーです。

どうしてもその日中にやらなければいけない仕事がなければ、上司に、「体調が悪いので、すみませんが、今日は早退させていただいてもよろしいでしょうか?」と許可を取ります。

その際も、仕事の進捗状況、抱えている案件など、**引き継ぎ事項を明確にして早退します**。翌日、もしかしたら欠勤するかもしれないからです。

突然休まれて、「Aさんが抱えている仕事がわからないので、誰もバックアップができない……困った！　こっちも忙しいのよね。全く！」と、反感を買うのか、「Aさんがお休み?!　大変。彼女、大丈夫かしら？　私たちでできることをカバーしよう」となるのかは、日頃のあなたの心がけ次第です。

Question 2

円テーブルで会議をすることになりました。あなたの年次が最も低い場合、どこに座るのが適切だと思いますか。

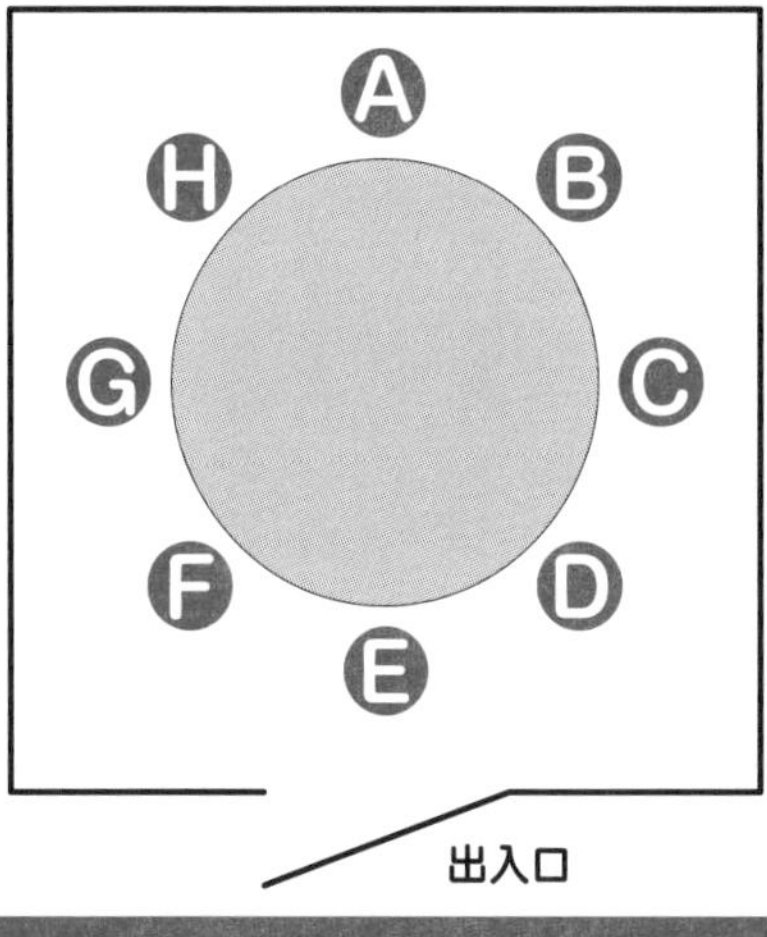

Answer 2

Ⓔ

社会には「席次」というルールがあります。

組織で立場の上の人が座る位置を「上席」、立場が一番低い人の座る位置を「末席」といいます。この場合、上席から順にⒶ、Ⓗ、Ⓑ、Ⓖ、Ⓒ、Ⓕ、Ⓓとなります。

席次のルールで押えておきたいポイントは、**出入口から遠い位置ほど上席になり、出入口から近いほど下座になっていく**ということです。**役職が同じであれば年齢順、招く側より招かれたほうが、上席になります**。

しかし実際には、部屋にあるソファーの種類（肘掛の有無、一人がけの椅子など）によって多少異なります。和室の場合は、床の間を背にした場所が上席になります。

Question 3

上司と出張で新幹線に乗ることになりました。下記のような2人席、あるいは4人席の場合、誰がどの席に座ったら良いでしょうか。

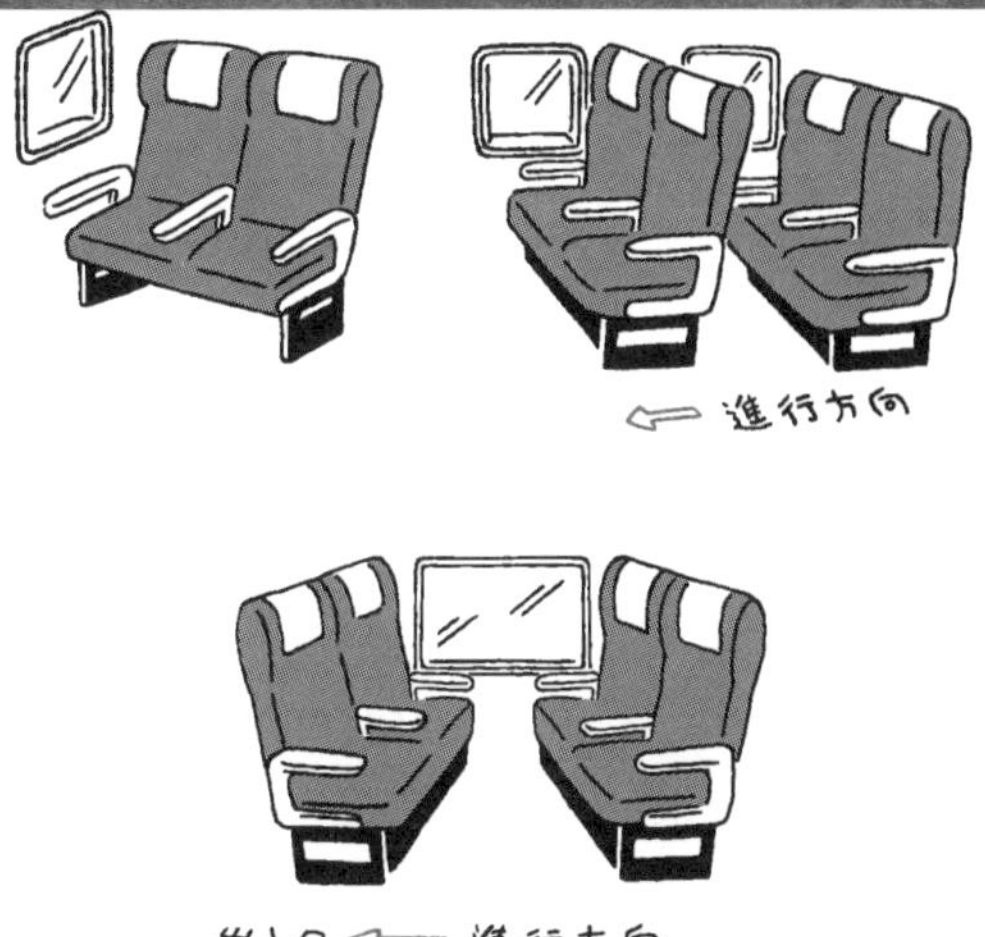

Answer 3

2人席では、上司は窓際、自分は通路側に座る

4人席では、①進行方向から遠い窓際の席、②①の前の席の窓際、③①の隣の席、④②の隣の席の順に、役職ある人から座ってもらいます。席が向かい合う場合は多少変わります。

タクシーの場合は運転席の後ろなど、一応「上席」があります。その場所が一番安全だといわれているためです。しかし、そのルールにいつも従うのが良いとは限りません。状況に応じて柔軟に対応するのがマナーです。**相手が何に心地良さを感じるか、常に観察して動きましょう。**

〈2人席の場合〉

〈4人席の場合〉

Question 4

あなたの会社の社長、常務、専務、上司、先輩とあなたの5名がエレベーターに乗ることになりました。社長はどの場所にご案内すればよいでしょうか。

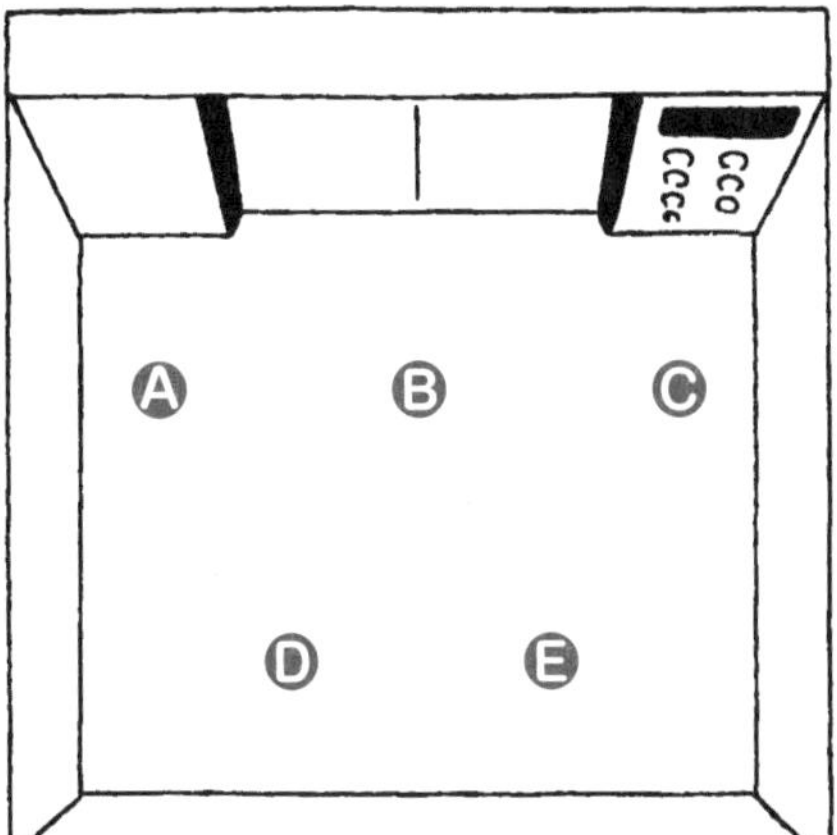

Answer 4

Ⓔ（あなたはボタンの前に立ちます）

図のように、役職の高い人からエレベーターの奥にお通しします。

エレベーター内で既に人が乗っている場合、改めて移動してもらう必要はありません。大事なことは、**安全でスムーズな乗り降りができること**です。誰もいない場合は、ボタンを押す役割をすすんで行うようにします。

なお、エレベーター内での私語は慎みましょう。どこで誰が聞いているかわかりません。

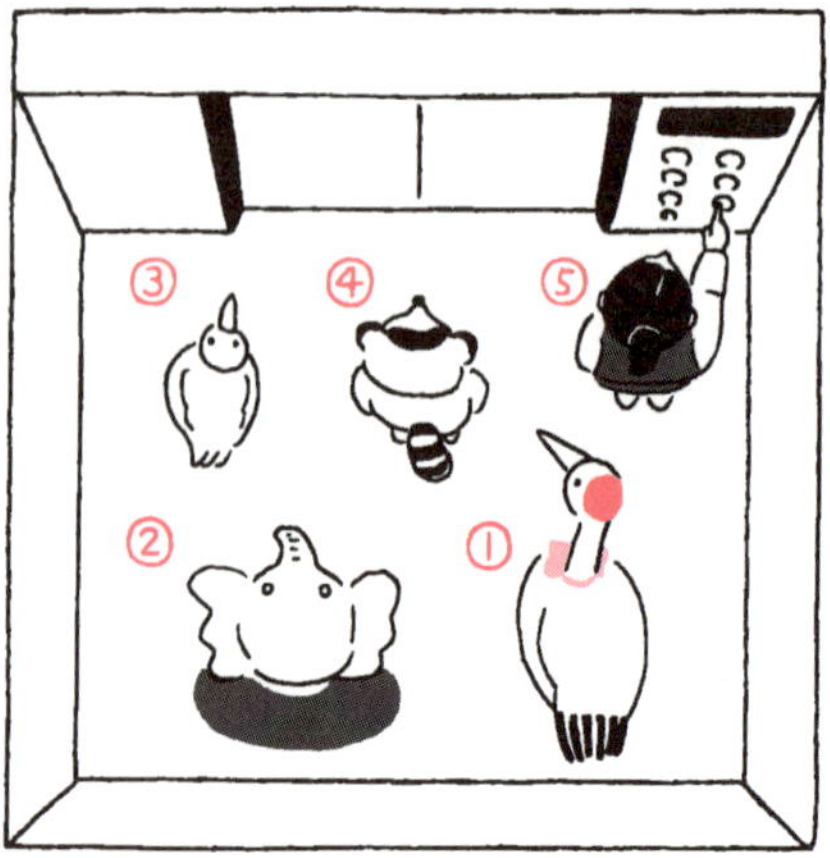

Question 5

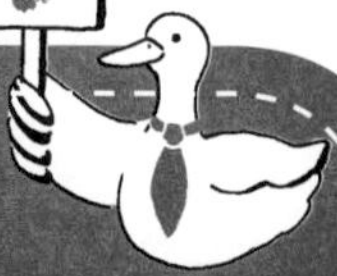

先日飲み会で、自分が関わった新発売の商品について話したところ、そのことが上司の耳に入り、怒られました。なぜ商品のことを話してはいけなかったのでしょうか。

Answer 5

競合他社が聞いているかもしれないから

商品の開発秘話など、自分が関わったことは、つい話したくなるものです。しかし、その商品が発売される前に話したり、発売後も、どの辺に気を遣ったかという話をしてしまうと、それが社外秘の情報に当たる可能性もないわけではありません。

商品を正式にリリース後、どの情報までなら解禁しても良いのか、事前に上司に相談して確認を取っておきましょう。

Question 6

「今日は無礼講だ！」――会社の飲み会で、上司からいわれた言葉を鵜呑みにして、日頃の不満を爆発させたところ、翌日呼び出しを受けました。どこがいけなかったのでしょうか？

Answer 6

上司に不満ばかり伝えてはいけません

上司・同僚と行く飲み会も仕事の場所と考えます。

後で、「あれは、お酒の席だったから記憶にありません」という言い訳はできません。

砕けたモノの言い方や失言には、くれぐれも気をつけましょう。

飲み会では上司や先輩の話に耳を傾け、ふだんは聞けない情報収集の場・学びの場にしたいものです。

間違っても、上司に不満ばかりぶつけたり、否定するようなことをいってはいけません。

いくら上司が良いといっても、上司はあなたの上のポジションにいる人です。

自分の置かれている立場をわきまえましょう。

ごちそうされたら、早めにお礼を！

友達や同期、親しい先輩たちと飲みに行き、二次会のカラオケで大盛り上がり。仕事とはまた違う楽しい時間を過ごすという日もあると思います。発散する場も、ときには必要です。

翌日が仕事の場合、出社するのはしんどいと思います。でも、二日酔いであろうが何であろうが、這ってでも職場に行きます。しかも、「いつもより早く行く！」という覚悟があると、周りの人にもあなたの仕事に対する熱意が伝わります。

一緒に飲んだ先輩より早く行き、「おはようございます！」「昨日は楽しかったですね」と爽やかに笑顔で挨拶しましょう。

疲れた顔はメイクで隠し、相手に余計な心配をかけさせません。**「ときには強がること」も、仕事ができる人のマナー**だと思います。

また新人の頃は、上司がごちそうしてくれることもあります。そんなときは「今日は、ごちそうさまでした」と、別れ際にお礼の言葉をお忘れなく。翌朝も「昨日はごちそうさまでした」と伝えましょう。**感謝の気持ちは、何度伝えても伝えすぎることはありません**。

Lesson 9

おもてなしのマナー

Lesson 9

会社員として過ごしていると、中には好きな人、苦手な人もいると思います。ですが、どんな人ともうまくやるためには、「その場の空気を読む」ことがとても大切になります。上司の顔を立て、周りを気持ち良くさせることが「おもてなし」です。いざというとき協力してもらえるよう、関係性を築く努力をしましょう。

Question 1

社長と上司である部長とランチに行くことになりました。社長から「自由に選びなさい」といわれ、上司はアジフライ定食を選びました。あなたはどのメニューを頼むと良いでしょうか。

Answer 1

部長と同じアジフライ定食を選ぶ

額面通り受け取れば、社長の言葉通り、自分の好きなものを選ぶのが妥当でしょう。

しかし一般的に、社長と上司で食事に行く場合、**上司の顔を潰さないのがマナーです。**最初の段階では上司と一緒のメニューを選ぶと安心です。

社長もしくは上司がお会計をする可能性があることからも、**価格的に低いものを頼んでおくと、負担をかけません。**

もしも社長から「控えめだなあ」と残念そうにされた場合は、「アジフライには目がないんです！」というふうに、あくまで好きなものであることを強調して上司の顔を立てます。自分の好きなものを頼むようになるのは、親しくなってからでも遅くはありません。

Question 2

取引先の担当者から合コンの誘いを受けました。
このことは上司に相談したほうが良いでしょうか。
それとも、黙っていたほうが良いでしょうか。

Answer 2

取引先からお誘いを受けた場合、必ず上司に相談を！

仕事で取引のある方から誘われるのは喜ばしいことです。一人前に認められた感じがして嬉しくなり、その場でついYESといってしまう人も多いでしょう。しかし、一人で勝手に判断し出かけるのはご法度。

必ず上司に報告し、事前に参加しても良いかどうかの確認を取りましょう。何かあったとき、事前に上司に相談をしていれば、味方になってもらいやすくなります。

飲み会も仕事の一部です

仕事をしていると、取引先の人と仲良くなって飲み会に呼ばれたり、色々な人と一堂に会して食事をする機会があったりと、様々な交流の場があります。お酒も入って楽しいことも多く、つい羽目を外してしまいがちですが、いずれの場も、発言には注意が必要です。

間違っても社内のスキャンダル、他のお客様の悪口など、無責任なことをいってはいけません。

社外にいても、**会社の看板を背負っていることを忘れないようにします**。

上司と共に行動するときは、あくまで主役は上司。メンツをつぶさないように気をつけます。特にお客様の前では要注意です。**上司が心地良くいられるようにどうするか？　上司がカッコよく見えるようにどうするか？　を考えます**。

たまに若手の自分のほうが目立って、そのことを得意がる人もいますが、これは上司に対してのマナー違反です。

上司を立てない部下の姿を見せられると、見ている側まで居心地が悪くなってしまうケースもあります。気をつけましょう。

Question 3

懇意にしているお客様との食事会で、
まずはワインで乾杯しようということに。
しかしあなたはワインが飲めません。
どうしますか？

Answer 3

ひとまずワインで乾杯した後、好きな飲み物を頼む

ここで「飲めないから」といって、一人だけ違う飲み物を注文しようとした人はいませんか？　その場の雰囲気にもよりますので、決してNGとはいいきれません。

しかし、相手が「お客様」であることを考えると、ここではまず、先方の用意してくださった飲み物で乾杯するのがマナーといえるでしょう。

一人だけ違う行動をとると、それだけ皆を待たせてしまうことになります。

何人かで飲みに行くときは、まずは足並みを揃えることを肝に銘じましょう。

飲めない場合は、乾杯後にそっとオーダーすると、周りも気持ち良く飲むことができます。

Question 4

上司から、取引先を接待するのでお店を予約するようにいわれました。
どこに気をつけてお店を選ぶと良いでしょうか？

Answer 4

先方の好き嫌い、お店の場所など全方位に気を配りましょう

上司と事前に相談し、相手の情報を充分に集めたうえでお店を選びます。

食べ物の好き嫌いはもちろん、健康上食べられないもの（アレルギーが出るなど）、アルコールのお好み、特に好まれるアルコールの種類など、できる限り情報を集めます。

またお店は、駅に近い場所を選びましょう。

駅から8分以上歩く場所は、避けたほうが無難です。

お客様の職場、もしくはご自宅にできるだけ近く、負担にならない場所を選びます。

お店を探す時間がないときは、信頼のおける人にお店を紹介してもらうか、ネットで検索し、複数の口コミを見て判断するようにしましょう。

お店を予約する場合は、ここをチェック！

お店を選ぶ際は、個室など、**話がしやすい環境かどうかの確認も大事です**。

特に大事なお客様をおもてなしする場合は、ネットの情報に頼らず、事前に足を運ぶことが欠かせません。どんな雰囲気で、どんな味で、サービスの質は接待に適しているか、必ず確認をしておきます。お店の責任者に挨拶をして顔見知りになっておくと、何かと頼みごとがしやすくなります。

お会計は、あらかじめクレジットカードで支払い、最後にサインをするだけにしておくとスムーズです。会社宛に請求書を郵送してもらい、後日支払うなどの打合せを事前に済ませておきます。お客様の前で支払う姿を見せてしまうと、先方も申し訳ない気持ちになるうえに、気まずい雰囲気を作ってしまいます。

接待の目的も、あらかじめしっかり押さえておきます。話し合わなくてはならない議題があるのに、よもやま話で終わってしまうと、「あれ？　何のために会ったの？」という結果になってしまいます。

お互い貴重な時間を割いて会うのです。せっかくの機会を無駄にしないよう配慮しましょう。

Question 5

会社でお花見をすることになり、総務部のあなたは場所取りを命じられました。どのような点に気をつけて場所取りをしたら良いでしょうか？

Answer 5

桜が綺麗に見える場所ほか

お花見は、春の一大イベント。いろいろな団体、会社の人が一斉に場所取りを行います。そんなときこそ、機転を利かせるチャンス。桜のベストポジションはどこか、人数に対して十分なスペースはどのくらいか、お隣さんの邪魔にならないか、飲み物の買い足しに行くときにコンビニが近い場所はどこか、トイレが遠すぎないかなど、あらゆる可能性にアンテナを張って場所取りを楽しみましょう。

ただしお花見の時期は、季節柄、気温が低くなる傾向にあります。十分温かくして、風邪を引かないように気をつけましょう。場所取りで一緒になったお隣さんと情報交換し、トイレに行きたくなったら場所の見張りをお願いできる関係になっておくと便利です。安全の観点からも、周りの人と顔なじみになることは大切なのです。

幹事は色々な情報に触れるチャンス

職場では、送別会・歓迎会・忘年会・新年会・プロジェクトのキックオフ・親睦会など、いろいろなイベントがあると思います。そんなとき幹事役を命じられたとしたら、仕事以外の実に色々な情報に触れられるチャンス。ふだんの仕事では得られない発見が盛りだくさんです。

なかなか接する機会の少ない上席の人と話せるのはもちろん、社員の好みやクセを知ることもできます。そうしたちょっとしたことが、その後の仕事で役立つ場面がきっとあります。さらには宴が上手く進むようアイデアを出し、試してみる絶好の機会でもあります。

集金のときの対応で、色んな人の人となりもわかります。おつりがないように事前に準備してくる人なのか、「幹事役、お疲れさま♪」のひと言がある人なのか、すぐ払う人もいると思えば、いつまでも払わない人、会計役の手間が省けるよう近くの人の分を集めて持ってきてくれる気づかいのある人……。いろんな人の反応から、学ぶことがたくさんあります。

人が面倒臭がって嫌がる仕事ほど、学ぶチャンスにあふれているのです。

Lesson 10

贈り物のマナー

Lesson 10

相手の嬉しそうな顔を想像すると、ワクワクしてくる贈り物。とはいえ、何を選び、どんなタイミングで渡せばいいのか、わからなくて困ってしまうということも多いと思います。それが初対面の人だったらなおさらです。

まず贈り物の基本を押さえたら、少しずつ応用力を磨いていきましょう。日頃から、贈りたい人の顔を思い浮かべながら街を歩いてみるのも楽しいです。

Question 1

はじめて訪問する会社に手みやげを持って行こうと思います。何が良いでしょうか？

先方の従業員数は10名です。

Ⓐ

美味しいと評判のバームクーヘン

Ⓑ

地元農家手作りりんごジュース

Ⓒ

ショートケーキ10個

Ⓓ

個別包装されたクッキー15個

Answer 1

Ⓓ個別包装されたクッキー15個

いくら美味しいと評判のお菓子であっても、もらった相手が包丁かナイフで切り分けないといけないようなお菓子は迷惑がられます。

小分けに包装してあり、机の上にそのまま置けるものが喜ばれます。

余計な手間がかからないものや、人数分よりちょっと多めの量が入っているお菓子が良いですね。

はじめて訪問する場合、価格よりも個数を気にしましょう。

10人の社員だったら15個入りにするなど、不足のないよう気をつけます。

人数が多い場合は、多めに持って行きましょう。

Question 2

取引先の右田さんが自動車事故に遭い、入院したという知らせを受けました。会社を代表し、あなたがお見舞いに行くことになりました。何を持って行くと良いでしょうか。ちなみに右田さんは45歳の女性で花とチョコレートが好きな方です。

Ⓐ

シクラメンの鉢植え

Ⓑ

ユリの花束

Ⓒ

フラワーアレンジメント

Ⓓ

チョコレート

Answer 2

©フラワーアレンジメント

花束は、病室に花瓶がないケースも考えられますので、©のようにアレンジメントにして、水だけ注げば手間いらずのもののほうが良いでしょう。

Ⓑのユリの花束は、花粉の影響で喘息を引き起こす場合もあり、おすすめしません。

Ⓐの鉢植えは、植物が土に根を張っていることから「(病気が)根付く」を連想させ、縁起が悪いので、避けたほうが無難です。

いずれにしても、お花を持って行く場合は、花屋さんに相談することをおすすめします。予算やお見舞いする人の症状などによって考慮してくれます。

Ⓓのチョコレートは、病状にもよるため、食べられるかどうか判断しにくいところです。万が一食事を制限されていることを考慮して、控えたほうが良いでしょう。

お見舞いに行かないのも大事な選択

仕事でお世話になっている人（上司・先輩・同僚・お客様など）がケガや病気で入院する場合、お見舞いに行ったほうが良いのか、何か別の方法でお見舞いの気持ちを表したほうが良いのか、ここは慎重に考える必要があります。

病気の症状によっては面会謝絶の場合も考えられますし、なかには誰にも会いたくないと考える人もいます。心身ともに弱っている自分、パジャマや浴衣姿の自分、メイクをしていない自分を想像してみてください。家族ならまだしも、友達にすら会いたくない心境かもしれません。ましてや仕事関係の人に会うのは、病人にとってどんなに心の負担になるかということです。見舞うことが最善の解決策というわけではありません。**まずは本人と看病する方のことを考え、正確な情報を得たうえで、相手を少しでも元気づけるお見舞いの仕方を考えましょう。**

お花屋さんに頼ろう！

お花屋さんは、お花を買うときの強い味方です。以前間違えて仏花（仏壇やお墓に飾る花）を購入して持って行こうとした部下がいましたが、これなども事前に相談すれば回避できたケースです。

またお花屋さんは、勇気をくれることもあります。義母の入院中、私はよく「花を買ってきて」と頼まれました。しかし病室は温かいので、生きている花はすぐに枯れてしまいます。花屋さんで「病室は暖房が入っていてすぐ花がダメになっちゃうんですよね……」と呟いた私にお花屋さんがこういいました。「花の元気が患者さんに移るからですよ。だから花が枯れることは良いことなんです」。看病疲れがたまっていた私の心がふわっと明るくなった瞬間でした。

Question 3

バレンタインデー、あなたの職場では毎年女子社員がお金を出し合って男性社員にチョコレートを贈っています。しかしお返しの負担も考え、辞めたいと思い上司（女性）に相談したところ、「あなたが決めなさい」の一言。どうしますか？

Answer 3

とりあえず続けましょう

毎年のバレンタインデーを楽しみにしている上司は多いもの。ちょっとした贈り物でも上司は喜び、お互いの空気が和みます。「いつもお世話になります」「課長のこと大事に思っていますよ〜♪」という気持ちが伝われば、義理チョコも潤滑油の役割を果たします。この油を出し惜しみして潤いがなくなり、乾燥してカサカサした職場になるより、価格は安くても、「用意して渡す」というひと手間が人間関係をスムーズにするのであれば、季節のイベントとして楽しみましょう。

Question 4

お世話になっている取引先に、お中元を贈ろうと思います。何を贈ると、失礼に当たらないでしょうか。

Answer 4

コーヒーギフト

お中元やお歳暮に何を贈るかは、大変気を遣うところです。贈る物によって、先方に「あの人から○○が届いたな」と印象づけることができるからです。もし先方の好みを知らない場合は、**コーヒーギフトやジュースの詰め合わせが無難**でしょう。職場ですぐに飲むことができます。

お中元にビールやそうめんを贈る会社も多いようですが、アルコールは職場で飲めないケースもありますし、そうめんもその場で調理できません(会社により異なります)。そういう意味でも、手に取る人を選ばないものを贈ると良いでしょう。

なお、お中元を贈る時期は7月初旬~15日まで、お歳暮は12月13日~20日頃までとされています。また贈答品の価格帯は、関係性にもよりますが、3000円~5000円が一般的なようです。

Question 5

職場の上司や先輩はいつも主張先や旅行先で美味しいお菓子を買ってきてくれます。
あなたも有給休暇などで旅に出たときは、おみやげを買って帰ったほうが良いのでしょうか？

Answer 5

無理のない範囲で買いましょう

有給休暇は、社歴や職位などに関係なく取得していい権利です。旅行でリフレッシュして仕事に戻るのは歓迎されることです。充電してきたあなたがおみやげのお菓子を配るのはきっと喜ばれます。「留守中、お世話になりありがとうございました。今日からまた頑張ります！　よろしくお願いします」というメッセージが周りに伝わるからです。ただし、無理をしてまで買って来る必要はありません。無理のない範囲で購入して配るようにしましょう。

Question 6

中国人の同僚が、あなただけに地元のお菓子を大量に買ってきてくれました。ただ一人暮らしのあなたが食べるには、量が多すぎます。持ち帰るのも重たく、周りに配ってしまおうかと考えています。
どのような行動を取れば失礼に当たらないでしょうか？

Answer 6

まずはお礼を伝え、配って良いか尋ねましょう

中国では、たくさんの量をあげるのが良いこととされています。

あなたにたくさんくれたということは、感謝の気持ちなのかもしれません。

ぜひ異文化を楽しむ余裕を持ち、まずは「遠い所から、荷物になるのにお土産を買ってきてくれてありがとう！」と伝えましょう。そして、配っても良いか尋ねます。

また、外国の人がおみやげをくれる際は、ラッピングされていない場合も多いです。

外国には日本と比べると「包む」という文化を大事にしていないからです。

ですから、品物をそのまま渡されても、どうか嫌悪感を抱かないでください。

おみやげに込めた温かい想いは、万国共通。丁寧に受け取りたいものです。

Question 7

お誕生日に同僚からもらったプレゼント。開けると値札がついたままでした。こんなとき、どんな対応をしたら良いと思いますか。

Answer 7

気づかないフリをしてお礼を伝えましょう

プレゼントを贈った相手は、まさかそこに値札がついているとは思っていません。もし目の前で包みを開け、「値札がついているよ！」といおうものなら、相手に恥をかかせることになるでしょう。

そんな相手の顔に泥を塗るようなことをあえてする必要はありません。

相手に恥をかかせないのが大人のマナーです。

値札がついていても気が付かなかったフリをして、お礼の言葉を伝えましょう。

Question 8

あなたの同僚が子どもを出産しました。
出産祝いを贈るとしたら、何が良いでしょうか。

Answer 8

スタイ(よだれかけ)やおむつなどの実用的なもの

出産後は何かと物入りです。

スタイ(よだれかけ)やおむつなど、実用的なものを渡すと喜ばれるケースが多いです。

「おむつケーキ」といって、おむつで作ったギフトもあります。

ママ用のプレゼントとして、フェイスパックやハンドクリームを渡すのも良いでしょう。

現金というのも一つの手です。関係性にもよりますが、親友の場合であれば1万円、同僚や取引先の場合は5000円~1万円を祝儀袋に入れて渡しましょう。

その場合、表書きには「御祝」という文字が入ったものを選びます。

また、当然のことながら、出産祝いは、出産の知らせを聞いてから贈るようにしましょう。

生後7日~1ヶ月までに贈るのが良いとされています。

Lesson 11

冠婚葬祭のマナー

Lesson 11

社会人になると、冠婚葬祭の機会が増えてきます。特に20代のうちは、結婚式に呼ばれることも多いでしょう。招待状をもらうと華やいだ感じがして嬉しいものです。それが友達であっても仕事上のお付き合いであっても、二人の門出に立ち合える、ただそれだけで、招待された側も幸せをお裾わけしてもらったように感じます。実際に招待状をもらったときの対応、マナーを心得ておけば、落ち着いた対応ができて安心です。

Question 1

お世話になっている取引先のご担当者の結婚式に招待されました。ご祝儀はどのくらい包むと良いでしょうか。

Answer 1

2〜3万円

結婚式で新郎新婦に渡すご祝儀の相場は、友人・知人・会社の同僚などの場合「3万円」とされています。兄弟や姉妹の場合は5万円、10万円などのケースもありますが、一般的には3万円が妥当な金額とされています。

またご祝儀は、「4」や「9」などの数字も避けたほうが良いとされています。**2人の門出を祝う意味でも、必ず新札を使うようにしましょう。**事前に銀行に行って新札に替えておくと安心です。

ただし、金額によっては手数料がかかる金融機関もあるようです。

ご祝儀のマナー

ご祝儀袋には、金銀、または紅白をあしらった結び切りやあわじ結びの水引がかかったものを使います。**この結び方には、一度結ぶとほどくことができないという意味で、「一度きりのお祝い」という意味が込められています**。

ご祝儀袋の中には、「中包み」といってご祝儀を入れる封筒が入っています。お札の右側にある肖像画が、封筒のおもて面の上にくるようにして入れましょう。また、おもて面には「金三万円也」と、入れた金額を必ず書くようにします。よく「参萬圓」のように旧漢字で書くこともありますが、現代漢字で書いて問題ありません。裏面には、自分の住所と名前を書きましょう。**文字を書くときは、筆、もしくは筆ペンで書くと丁寧**です。万年筆やボールペンは合いませんので、使わないようにしましょう。

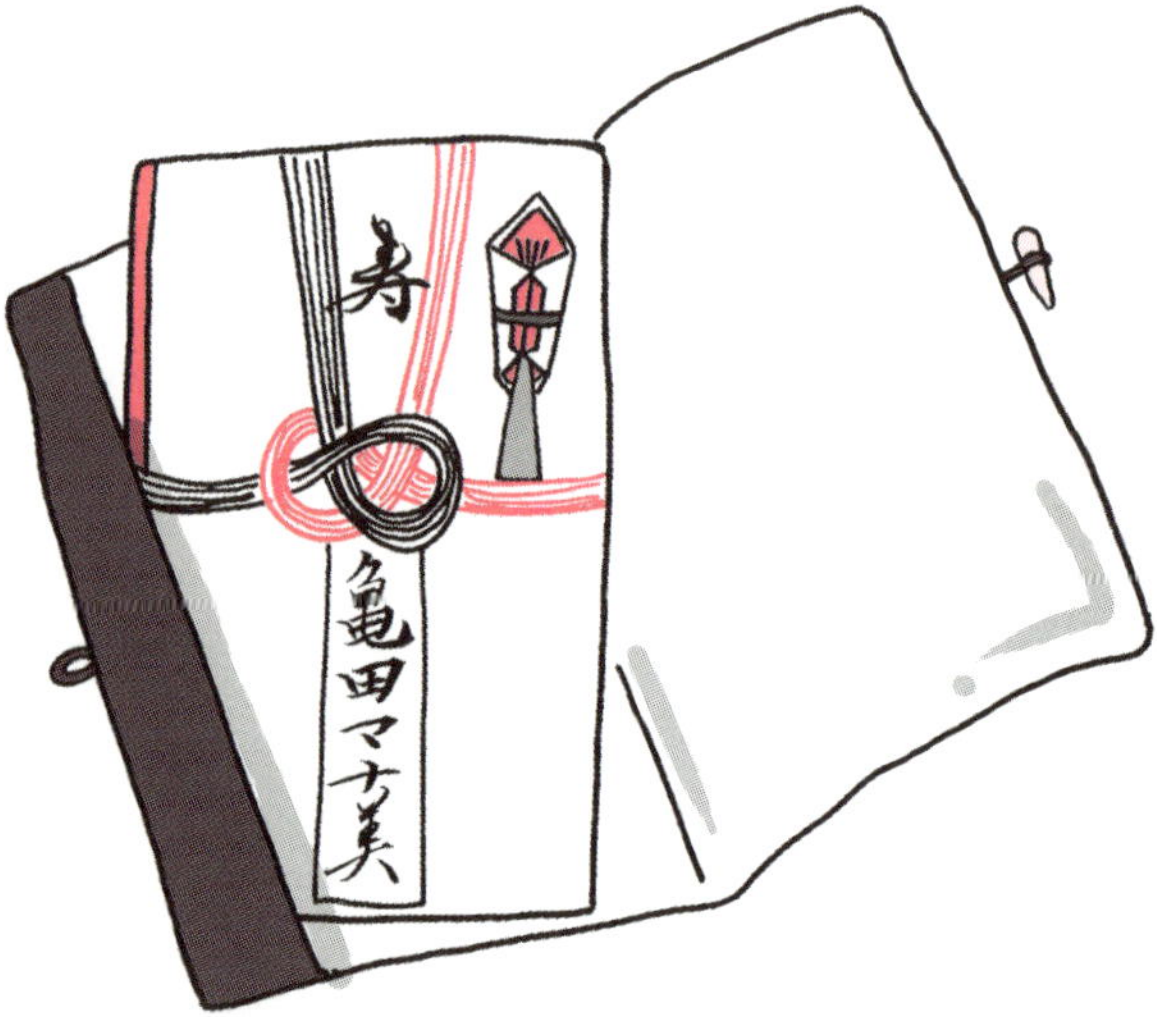

最後に、ご祝儀は「ふくさ」に入れて持参します。**お祝い金を汚さないようにという相手に対する気づかいです。**

ふくさには、色々な色があります。一般的に、慶事では明るい色（朱色、赤、えんじ色など）、弔事には紺・グレーなどの落ち着いた色を使います。**どちらも使える色として、紫色を持っておくと便利です。**

受付で渡すまでは、ご祝儀袋をこのふくさに包んで持ち運ぶようにしましょう。

Question 2

親しい取引先の担当者から結婚披露宴の招待状が届きました。返信のハガキを出すタイミング、また、メッセージにはどのようなものを書くと良いでしょうか。

Answer 2

返事はすぐ、お祝いの言葉も添えて

返信はできるだけ早くしましょう。

挙式する側は料理や引き出物の準備があり、早めに出席人数を知りたいからです。

出席の場合、下記のようにお祝いの言葉を添えます。欠席の場合、理由を正直に書く必要はありません。「その日は都合により参加できませんが、○○様のお幸せを心からお祈りしています」で十分です。

表面にある宛先の「宛」は「様」に、裏面は「ご」などの言葉を二重線で消す配慮もお忘れなく。

~~ご~~出席　　~~ご欠席~~

どちらかに○をお付けください

~~ご芳~~名
Name　亀田マナ美

~~ご~~住所
Address　〒900-0101
東京都品川区西品川 1-2-3
ツルコーポ 201

ご結婚おめでとうございます
喜んで出席させていただきます

Question

一緒に働いている同僚の結婚式に呼ばれました。白と黒のワンピースだと、どちらが良いでしょうか。また結婚式に身につけるものとしてふさわしくないものは何だと思いますか。

Answer 3

白いワンピース、ファーなどはNG

結婚式に参加する側は、あくまで主役の引き立て役に徹するのがマナーです。特に**白は新婦がドレスとして着用することも多いので、避けたほうが良い**でしょう。こんなところで悪目立ちしていると、せっかくの自分の出会いのチャンスを自分で逃してしまいます。華美過ぎない格好を心がけましょう。友人知人の結婚式で、招待客同士の出会いでゴールインしたカップルが何人もいます。

新郎新婦より目立たない服装を

結婚式に行くと、たまに赤いドレスや派手な格好をしている人がいますが、見ていてあまり気持ちのよいものではありません。**結婚式は、あくまで新郎新婦が主役**。彼らを引き立てるよう、落ち着いたシンプルな格好を心がけましょう。

結婚式が冬に行われる場合、ドレスやワンピースの上にファーを身につけたいという方もいると思います。ただ、ファーは動物の殺生を連想させることと、食事をする際、毛が飛んで他の人の口に入る可能性もあるため、おすすめしません。どうしても着用したい場合は、会場に入る前にクロークに預けるなど、周りの方に配慮しましょう。

女性は真珠のネックレスを身につけます。真珠は「涙」を象徴するジュエリーでもあります。結婚式はもちろん、ちょっとしたパーティーやお祝いの席にも重宝しますので、１つ持っておくと良いでしょう。

粒のサイズは７～８ミリが妥当です。このサイズであれば、どのような場面でも使えて便利です。それ以上大きくなると目立ち過ぎますし、身につける場所を選びますので注意が必要です。

Question 4

会社の同期の結婚式で受付を頼まれました。
休日まで知らない人と会うのは疲れるので断りたいのですが、断っても良いものでしょうか。

Answer 4

受付を頼まれるのは名誉なこと。引き受けましょう

ゲストが最初に目にするのは受付の人です。つまり、この日の披露宴の顔なのです。信頼されている証拠ですから、快く引き受けましょう。

清潔感ある服装に身を包み、最高の笑顔でお迎えしてください。

受付では新郎新婦の「身内」のように振る舞います。

名簿をチェックしながら「本日は遠い所をありがとうございます」とひと言添えると喜ばれます。

「披露宴の顔」となる受付の仕事とは？

受付はその披露宴の顔ともいえる大事な存在です。招待状に「30分前にお越しください」と書かれているケースも多いですが、それより少し早めに会場に入り、新郎新婦はもちろん、ご両親、親族にお祝いの言葉を伝えましょう。

会場に着いたら、洋服に糸くずなどがついていないか、ほつれはないか、ストッキングは伝線していないかなど、自分の身なりも再確認します。**受付で尋ねられることの多い控室・クローク・お化粧室・喫煙所などの場所は、前もって把握しておきます**。

また名簿で主賓客の名前、披露宴の段取り、祝儀の管理者を確認しておきます。遠方からお越しの方にはお車代を渡す場合もあります。誰に渡すのか、渡し漏れのないよう、あらかじめ新郎新婦に確認しておきます。

ゲストを迎える前に、芳名帳、筆記用具、ご祝儀を受ける盆、まとめておく袋や箱を整えておきます。

ゲストが来たらまず「ご出席ありがとうございます」とお礼を伝え、祝儀袋を両手で受け取り、記帳が終わったら席次表を渡しましょう。

全員が来場し、受付時間が終わったら、祝儀と芳名帳と担当者に渡します。

最後に、受付に忘れ物などないか確認し、披露宴に列席しましょう。

Question 5

仲の良い取引先ご担当者の披露宴に、会社から、お祝いの品を贈ろうということになりました。
どんなものを贈ると良いでしょうか。

Answer 5

実用的なものが喜ばれる傾向にあります

新郎新婦のことを考えて、持ち帰るのにかさばるもの、重たいものを避けましょう。陶器など、どうしても重たいものを贈りたいときは、前もって自宅に送るか、訪問して渡すようにします。

キッチン用品やコーヒーカップ、お皿などはいくつあっても困らないので重宝がられる傾向にあります。ただキッチン用品の場合、**包丁やハサミは「（縁を）切る」ことを連想させることから、やめたほうが無難です**。できることなら買う前に新郎新婦のリクエストを聞くと良いでしょう。

Question 6

親友の披露宴でお祝いのスピーチを頼まれました。
どんなことに気をつけて話せば良いでしょうか。

Answer 6

誰が聞いても好感を持てるエピソードを盛り込みましょう

ポイントは、新郎新婦の印象やエピソードを盛り込むこと。

新郎新婦のご両親も聞いていますので、前向きな話が喜ばれます。

親友であれば、学生時代のクラブ活動でのエピソード、
同僚や先輩であれば、力を貸してもらえて助かったエピソードなどがおすすめです。

間違っても、失恋の話や仕事で失敗した話は控えましょう。

また**披露宴では、「キレる」とか「別れる」などのように、離婚や再婚を連想させる言葉をいってはいけません**。

あらかじめ原稿を書いたら、自分以外の人に聞いてもらってチェックしましょう。

Question 7

親しくしている会社の先輩Aさんのお父様が亡くなられたという知らせを受けました。お通夜は今晩です。行ったほうが良いでしょうか。それとも行かないほうが良いでしょうか。

Answer 7

上司と話し合って決めましょう

訃報を聞いたら、**まず「お悔やみ申し上げます」「ご愁傷さまです」と、お悔やみの言葉をかけます**。その後の対応は、まず上司に相談し、勝手に判断して動かないことです。人には宗教や家族との取り決めや、いろいろな事情がありますので、相手の事情を考慮し対応することが大切です。

私もかつて、同様のケースに直面したことがあります。そのときは、先輩の要望を尊重し、お通夜には行きませんでした。自分たちの職場でお金を出し合い、お悔やみ用のアレンジメントの花を送るという方法もあります。いずれにしても、**身近な人、大切な人を亡くしたその人の気持ちを思いやることが最優先です**。

Question 8

キリスト教のお通夜、お葬式に行くことになりました。
不祝儀袋には何と書けば良いでしょうか。

Answer 8

万能なのは「御霊前」です

不祝儀袋の書き方は、宗教の違いによってまちまちです。「御霊前」は仏式、神式、キリスト教にも使えます。

中袋には、慶事のときと同様、裏面に住所と名前を書きます。また金額も、裏面に書くようにしましょう（慶事のときと書く場所が異なりますので注意が必要です）。

また、不祝儀袋に入れる金額は、ビジネスシーンの場合、一般的には3000円以上です（取引の程度や相手の年齢によって変わります）。また**先輩や上司よりも多い金額を包むのは控えましょう**。上司が5000円ならあなたは3000円と、バランスを考えることが大切です。弔電やお花を手配するだけの場合もあります。上司と相談して決めましょう。

Question 9

取引先担当者の父親が亡くなったという知らせを受け、上司から弔電を送るように頼まれました。どのような文章を書けば良いでしょうか。

Answer 9

「御尊父様のご逝去を悼み、謹んでお悔やみを申し上げます」

弔電《ちょうでん》とは、お悔やみの電報を指します。局番なしの115番に電話し、情報を伝えれば、送ってもらえます。インターネットでも申し込みができます。このとき、電報は喪主宛に打ちましょう。御尊父様、御母堂様のように敬称を使います。解答例のように、シンプルな文章でも失礼にはなりません。

なお弔電の種類には、柄のみのシンプルなものもあれば、写真のように押し花を添えてあるタイプのものもあります。受け取った側が一瞬でも気持ちが和らぐことを考えながら選ぶようにしましょう。

Question 10

急遽、お通夜に行くことになりました。
ところが、喪服を準備していません。
どのような格好をしていけば失礼に当たらないでしょうか。

Answer 10

白いブラウス、ダークスーツなど落ち着いた装いを選びましょう

訃報を聞いて駆け付ける場合、黒い喪服だと、準備していたような印象を持たれ、遺族にとっては不快になることがあります。ですから、突然の出来事に参列する際は、必ずしも黒い喪服でなくてもかまいません。

華美な雰囲気、肌の露出に気をつけた服装を心がけましょう。

ダークスーツに白いシャツ、ブラウスなどシンプルな色と装いがベストです。

女性の場合、真珠のネックレスを持っている場合は身につけましょう。

その際、二連や三連になっているものは避けます。

「(悲しみが)重なる」とも捉えられるためです。

弔事の服装

お通夜やお葬式に参列する際の服装は、黒が基本になります。黒い喪服、黒いパンプス、黒いストッキング、白いハンカチを用意しておきます。男性の場合も同様に、白いワイシャツ、黒いネクタイ、黒の靴下、黒の皮靴の準備が必要です。急なお通夜のときも対応できるよう、ダークスーツを持っておくと便利です。

またバッグは、光沢のあるエナメル

素材のものや大きな小物がついているものは避けます。足元も、派手な色を使っているものは履き替えるなどして対応しましょう。

葬儀での振る舞い方

弔事は、お通夜、葬式、告別式という順番で執り行なわれます。参列する場合、**受付でまず「この度はご愁傷さまです」と、お悔やみを述べます**。その後香典を手渡し、記帳をした後、返礼品（粗供養品）を受け取ります。そして、ご焼香の順番まで待機します。お通夜で香典を渡している場合、葬式の受付では、「昨夜も参りました」と伝え、記帳だけ行います。

式場では、ご遺族のところへ行って挨拶するのは控えます。ご焼香でご遺族と向かい合ったときも黙礼するか、お悔やみの言葉を簡単に述べるだけにしましょう。ご焼香のやり方は次ページの通りです。

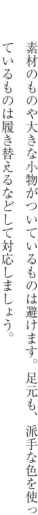

改めて遺影に合掌、一礼
ご遺族に黙礼

※ご焼香のやり方は宗派によって異なります。ここでは一般的な仏式のご焼香を紹介します

最後までお読みいただきありがとうございました。

私は18歳のとき、ビジネスマナーの知識がゼロの状態で銀行員になりました。クラブ活動や生徒会など、課外活動の経験が全くなかった私は、先輩とどう接したらいいのか、さっぱりわかりませんでした。

入社式の当日、色んな年代の方がいることに衝撃を覚え、「私はこの会社で、こんなに年の離れた人たちと上手くやっていけるのかしら？」と、漠然とした不安が押し寄せたことを昨日のことのように思い出します。

あれから36年、振り返ればたくさんの失敗をしてきました。仕事を機械的にしたために起こした事務的なミス、相手に真意が伝わらず良くない結果に結びついたこと、あるいは言葉が多すぎて相手を不快にさせてしまったこと……その時々で涙を流したこともありました。しかし、その痛みを通して少しずつ、時間をかけながらビジネスマナーを学んできた気がします。

色々な会社を経験して思ったことは、ビジネスマナーの常識は、企業文化やそこで働く人の持つ文化によって変わるということです。「これこそが正しいビジネスマナーだ！」と信じていても、自分をとりまく環境の常識に合わせていかないと、上手くいかないことも多々あるのです。

私は社会人になってからすぐに華道池坊に入門し、未だに生け花だけは続けています。生け花に「これで満足」ということはありません。その道を究めるには、まだまだ自分の未熟さを痛感しているところです。

伝統芸能は何でもそうですが、基本なくして応用はあり得ません。マナーも全ての仕事の基本。この基本をおろそかにしては、どんなに仕事ができても、社会人としては失格です。どこかでつまずくことになるでしょう。
また、マナーは一度学んだら終わりではありません。どうかこの本でマナーの基本を学び、だんだん自分なりにアレンジを加えていってください。基本の先に、あなたなりの正解が見えてくるはずです。

最後に、この『マナードリル』は、編集者である大島永理乃さんのタイムリーで温かい励ましの言葉のお陰で最後まで書くことができました。
今まで仕事を通してお世話になった全ての方々のお陰でこの本が世に出ることになったことへ、感謝の気持ちで一杯です。

2017年4月吉日

関下昌代

関下昌代　Masayo Sekishita

熊本県出身。亜細亜大学非常勤講師。華道池坊歴36年。
高校卒業後、住友信託銀行へ入行。退職後、テレビ熊本受付、熊本県庁秘書課勤務などを経て、1989年シティバンク銀行へ転職。クレジットカード部門・銀行法人部門を経て、人事部人材開発部門アシスタント・バイスプレジデントとなり、20年間勤務。「ダイバーシティ（多様性）」の研修講師の経験がきっかけとなり、働きながら立教大学大学院入学。2009年異文化コミュニケーション学修士取得。その後、会社員時代の経験を活かし、大学で講師として活躍。現在、亜細亜大学経営学部で「ビジネスマナー」を担当。大学に入学したばかりの1年生から就職活動真っ最中の4年生まで、卒業後ビジネスですぐに役立つマナーを教えている。

著書に『伸びる女（ひと）と伸び悩む女の習慣』『好かれる女（ひと）と面倒な女の習慣』（ともに明日香出版社）、『シティバンク人事部で私が学んだ一生使える「気づかいの基本」が身につく本』（大和出版）、『伸びている女性がやっている感情整理の新ルール』（KADOKAWA）『伸びる女の社内政治力―面白く、長く働くためのコツ』（さくら舎）などがある。ほか、「日経ウーマン」「プレジデントウーマン」など、メディアからの取材も多数。

ブログ「伸びる女！」になる秘密
http://sekishitamasayo.com

参考文献

『「話す」「書く」「聞く」能力が仕事を変える！伝える力』（池上彰著、PHP 研究所）
『人を動かす』（デール・カーネギー著、創元社）
『美人の心得』（岩下宣子著、アーティストハウスパブリッシャーズ）
『さすが！と言われる ビジネスマナー完全版』（高橋書店編集部編、高橋書店）
『世界標準のビジネスマナー』（ドロシア・ジョンソン、リヴ・タイラー著、村山美雪・横江公美訳、東洋経済新報社）
『お仕事のコツ事典』（文響社編集部編、文響社）
『大人なら知っておきたいモノの言い方サクッとノート』（櫻井弘著、永岡書店）
『プリンセス・マナーブック ~ 上品なのにかわいい ~』（井垣利英著、大和書房）
『お仕事のマナーとコツ』（西出博子監修、伊藤美樹イラスト、学研）
『世界で通用する 一流のビジネスマナー』（大部美知子著、かんき出版）
『心から喜んでもらえる 贈りもののマナー』（冨田いずみ著、高橋書店）
『100 億円を引きよせる手みやげ』（越石一彦著、総合法令出版）

マナードリル

2017年4月11日　初版発行

著　者　関下昌代
発行者　野村直克
発行所　総合法令出版株式会社
〒103-0001　東京都中央区日本橋小伝馬町15-18
ユニゾ小伝馬町ビル9階
電話 03-5623-5121（代）
印刷・製本　中央精版印刷株式会社

落丁・乱丁本はお取替えいたします。

ISBN 978-4-86280-547-8

総合法令出版ホームページ　http://www.horei.com/

好評発売中のドリルシリーズ

1日が27時間になる!
速読ドリル
角田和将 著

「1日16冊読破」は不可能じゃない！！全国2万人中1位をとった速読日本一の著者が、無理なくできるトレーニング法を紹介。「間違い探しトレーニング」「言葉の思い出しトレーニング」などの問題をやることで、自然と速読ができるようになります。かんたんなのに、試した人の95%以上が結果を出した速読メソッドです。

定価(本体1,100円+税)

頭の回転が3倍速くなる!
速読トレーニング
角田和将 著

1日5分「見るだけ」で、500ページ超の本がらくらく読めるようになる！ 10万部を突破した『速読ドリル』の第2弾。「言葉の思い出しトレーニング」などの練習問題のほか、新問題として、7つの問題を追加。この問題を1日5分やることで、自然と速読がスムーズにできるようになります。

定価(本体1,100円+税)

「覚えられる」が習慣になる!
記憶力ドリル
枝川義邦 著

何冊読んでも、忘れない！NHK番組でも話題の脳科学者が教える「記憶力アップトレーニング」。人の顔と名前を覚える「名前記憶トレーニング」、地図を覚える「地図記憶トレーニング」など、電車の中で、ご家庭で、学校で、会社で、楽しみながら解いていただける問題が満載。これ1冊で、「あれ、何だっけ？」が激減します！

定価(本体1,100円+税)